AF458939

TABLES
DU TIR
DES CANONS
ET
DES OBUSIERS.

TABLES DU TIR DES CANONS ET DES OBUSIERS,

AVEC

UNE Instruction sur la maniere de s'en servir;

A L'USAGE

DE MM. les Officiers du Corps-Royal de l'Artillerie,

CALCULÉES PAR M. LOMBARD,

Professeur royal aux Écoles du même Corps, à Auxonne.

Tela giganteos debellatura furores. *PASSERAT.*

M. DCC. LXXXVII.

AVERTISSEMENT.

MALGRÉ la prévention où l'on eſt contre les Tables du Tir des Bouches à feu, prévention que les anciennes n'ont que trop juſtifiée, j'oſe en publier de nouvelles ſur le Tir des Canons & des Obuſiers. L'entrepriſe d'un Ouvrage de ce genre, ne devant avoir d'autre motif que la certitude de la juſteſſe des réſultats qu'il préſente, & la conviction de ſon utilité; je n'ai pris confiance dans la théorie que j'ai adoptée, qu'après m'être aſſuré qu'elle ne ſeroit point démentie par l'expérience : des épreuves faites avec ſoin, répétées pendant le cours de pluſieurs années, & variées de toutes les façons, ne laiſſent aucun doute à cet égard. Quant à l'utilité de mes Tables, il ſuffit, pour la ſentir, de comparer, dans leur raiſonnement, le Canonnier ſimple Praticien, avec l'Artilleur éclairé. Que l'on diſe au premier : nous voici à telle diſtance de cet objet que nous devons battre, quelle doit être la charge de poudre & la maniere de pointer? Le plus intelligent répondra, & l'on ne peut en exiger davantage, eſſayons..... ſi le coup donne trop haut, je baiſſerai la piece; s'il donne trop bas, je l'éleverai : — & de combien? — nous verrons. Il tire donc un premier coup, qu'il appelle le coup d'épreuve; il en tire un ſecond, qui ſouvent n'eſt encore qu'un coup d'épreuve, & ainsi de plusieurs autres, en perdant un temps toujours précieux à la guerre. Qu'on interroge ensuite le second; s'il répond : il faut que le Boulet, en arrivant au but, ait telle force pour y produire son effet; pour avoir cette force en frappant le but, il faut que partant de telle distance il ait telle vîtesse initiale; pour partir du Canon avec cette vîtesse, il faut telle charge d'une poudre de telle qualité; enfin, connoissant les dimensions de ma piece, il faut, avec cette même vîtesse initiale du Boulet, pointer de telle maniere; c'est-à-dire, ou tirer de but en blanc, ou employer telle hausse, ou pointer de telle quantité au dessous du but, qui ne reconnoîtra l'Artilleur instruit & parlant avec connoissance de cette partie de son métier! Or, cette réponse, un coup d'œil suffira pour la puiser dans mes Tables. Qu'on ne s'imagine pas cependant que je me fasse illusion sur leur infaillibilité : l'Instruction qu'on va lire pourra convaincre du contraire. Mais ce que je ne crains point d'avancer, c'est que l'Officier qui aura saisi l'esprit de ces Tables, qui se sera rendu familiers les principes répandus dans l'Instruction, s'il n'en tire pas plus juste, prendra au moins des notions exactes sur l'objet le plus important de son service.

Le triangle-équerre dont il est fait mention dans l'Instruction, comme d'un instrument propre à meſurer les diſtances, vient d'être perfectionné par M. de la Grange, Capitaine au Régiment de Grenoble, qui en a étendu l'uſage à pluſieurs autres objets, de la maniere la plus ingénieuſe.

INSTRUCTION

SUR

L'USAGE DES TABLES

DU TIR DES CANONS ET DES OBUSIERS.

LE Tir des Canons & des Obuſiers peut preſque toujours s'exécuter par le moyen du but en blanc, ſoit naturel, ſoit artificiel : il eſt même à propos, pour la juſteſſe du Tir, d'employer cette méthode préférablement à toute autre, parce qu'elle donne deux points fixes pour déterminer la poſition de la ligne de mire. Cette ligne étant ainſi déterminée, il eſt facile de la diriger ſur l'objet même que l'on ſe propoſe d'atteindre.

Chaque charge de poudre, dans la même piece de Canon, donne une portée de but en blanc particuliere : le Canon étant placé à la diſtance de cette portée, on le pointera de but en blanc; c'eſt-à-dire que l'on dirigera la ligne de mire naturelle de la piece, ſur le but même que le Boulet doit frapper.

A une diſtance moindre que la portée du but en blanc, la ligne de mire doit être dirigée au deſſous du but d'une certaine quantité qui dépend de la diſtance de la batterie au but, de la charge de poudre, & du calibre de la piece.

Lorsque la distance de la batterie au but est plus grande que la portée du but en blanc, il faudroit que la ligne de mire naturelle de la piece fût dirigée plus haut que le but; mais comme dans une infinité de circonstances il seroit impossible de juger à la simple vue la quantité dont il faut pointer au dessus du but, on éleve alors la ligne de mire du côté de la culasse, de maniere qu'elle soit dirigée sur le but que l'on veut atteindre; & l'on se procure par ce moyen un but en blanc artificiel, aussi facile à exécuter que le but en blanc naturel. La quantité dont il faut élever la ligne de mire du côté de la culasse, est ce qu'on nomme *la hausse.*

De la Hausse.

Aux pieces de Bataille la hausse est adaptée & fixée à la culasse. On peut l'élever de 18 lignes, par 9 crans qui donnent chacun 2 lignes d'élévation, de sorte que l'usage en est borné à neuf différentes positions de la ligne de mire; savoir, à 2, 4, 6, 8, 10, 12, 14, 16 & 18 lignes d'élévation (1); ce qui peut suffire pour l'objet que l'on se propose de remplir avec les pieces de Campagne.

Les autres pieces, qu'on appelle Canons de Siege & de Place, n'ont point de ces hausses fixées à leur culasse; il y auroit même de l'inconvénient qu'il y en eût, parce que la hausse est d'un usage bien plus étendu sur les pieces de Siege, que sur les pieces de Bataille : on est souvent obligé de donner aux premieres une inclinaison qu'une hausse limitée ne pourroit indiquer, ni par sa hauteur, ni par ses divisions. J'ai dit, dans le Traité du Mouvement des Projectiles, appliqué au Tir des Bouches à feu, qu'il n'est pas nécessaire que la hausse soit fixée à la culasse du Canon; qu'un pied-de-roi, un bout de baguette ou un

(1) On vient de proposer pour ces pieces une nouvelle hausse divisée en lignes, que l'on peut fixer à volonté à tous les degrés, depuis une jusqu'à dix-huit lignes, au moyen d'une vis de pression.

brin de fascine coupé d'une longueur convenable peut en tenir lieu; qu'il suffit de les placer sur le point le plus élevé de la plate-bande de culasse, perpendiculairement à la longueur du Canon, & d'incliner ensuite la piece de façon que la ligne de mire passant par le bout supérieur de la baguette & sur le renflement de la bouche du Canon, soit dirigée sur l'objet que l'on veut atteindre; qu'on aura alors l'inclinaison relative à l'élévation de cette espece de hausse.

Il n'est pas douteux que ces moyens peuvent être employés avec succès par une main intelligente; mais, par la raison même qu'il faut un peu d'adresse pour s'en servir, on préférera sans doute un instrument dont l'usage soit à la portée du Canonnier le plus borné, & qui réunisse la précision & la commodité. Tel est celui que j'ai proposé d'essayer aux exercices du Polygone d'Auxonne, & que depuis plusieurs années on y emploie utilement au Tir à ricochet.

Cet instrument consiste en deux regles AB, CD, fixées perpendiculairement sur une traverse EF, qui lui sert de pied, & une autre traverse mobile GH, percée de deux petites mortaises, de maniere à pouvoir être enfilée par les deux regles AB, CD. Ces regles sont divisées en pouces & lignes, à compter de la face inférieure du pied EF; & la traverse GH, que j'appelle *la visiere*, peut glisser en montant ou en descendant le long des regles, & s'arrêter à frottement à la division sur laquelle on voudra la fixer. Cet instrument est représenté de face *fig.* 1, & de profil *fig.* 2, dans une proportion moitié de sa grandeur naturelle, les regles devant avoir 12 pouces de longueur. Le bois de noyer, le buis, le fer, le cuivre sont des matieres également propres à la construction de cette hausse; la seule différence est qu'en employant le fer ou le cuivre, on peut diminuer la largeur & l'épaisseur des pieces. Le milieu de l'intervalle des deux regles est marqué par un trait sur la visiere & sur le pied.

Pour se servir de cet instrument, on met d'abord la visiere sur les deux divisions correspondantes qui marquent chacune le degré de hauſſe dont on a beſoin; enſuite le Canonnier pointeur le place ſur l'extrêmité de la plate-bande de culaſſe, de maniere que la viſiere ſoit bien horiſontale; dans cette ſituation le pied EF touche ſûrement le cercle de la culaſſe à ſon point le plus élevé, ce qui eſt une condition eſſentielle pour la juſteſſe du pointage, il ne faut que faire correſpondre le trait de la viſiere avec ce point d'attouchement. Le Canonnier tient ainſi l'inſtrument d'une main, le bras tendu, afin qu'il y ait le plus grand intervalle poſſible entre ſon œil & la viſiere; de l'autre main il fait ſigne aux Servants de donner du flaſque à droite ou à gauche, pour mettre la piece dans la direction du but; enfin portant cette autre main au coin de mire, ou à la vis de pointage, il fait manœuvrer au bouton pour élever ou baiſſer la piece, juſqu'à ce que la ligne de mire, paſſant par le milieu de la viſiere & ſur le point le plus élevé du renflement de la bouche, aille rencontrer le but. Alors la piece ainſi dirigée eſt en état de tirer.

Si l'on avoit à employer une hauſſe moindre que celle qui eſt marquée par la viſiere poſée immédiatement ſur le pied EF, cet inſtrument pourroit encore en indiquer quelques-unes : le pied ſeul étant pris pour viſiere, donne une hauſſe égale à ſon épaiſſeur, & les regles en donnent d'autres, ſoit par leur épaiſſeur, ſoit par leur largeur. Il eſt donc à propos de connoître les dimenſions de toutes les parties de cet inſtrument, chacune d'elles pouvant ſervir de hauſſe dans le beſoin.

Je ne dirai point qu'il devroit entrer de ces inſtruments dans l'approviſionnement des équipages d'Artillerie de Place & de Siege; je ne peux que recommander à chaque Officier d'en avoir un à lui pour s'en ſervir dans l'occaſion.

De la diſtance du But.

On ne peut ſe diſpenſer de connoître la diſtance du Canon au but que l'on ſe propoſe d'atteindre : nos Tables ſuppoſent cette connoiſſance, ſans laquelle elles ſont

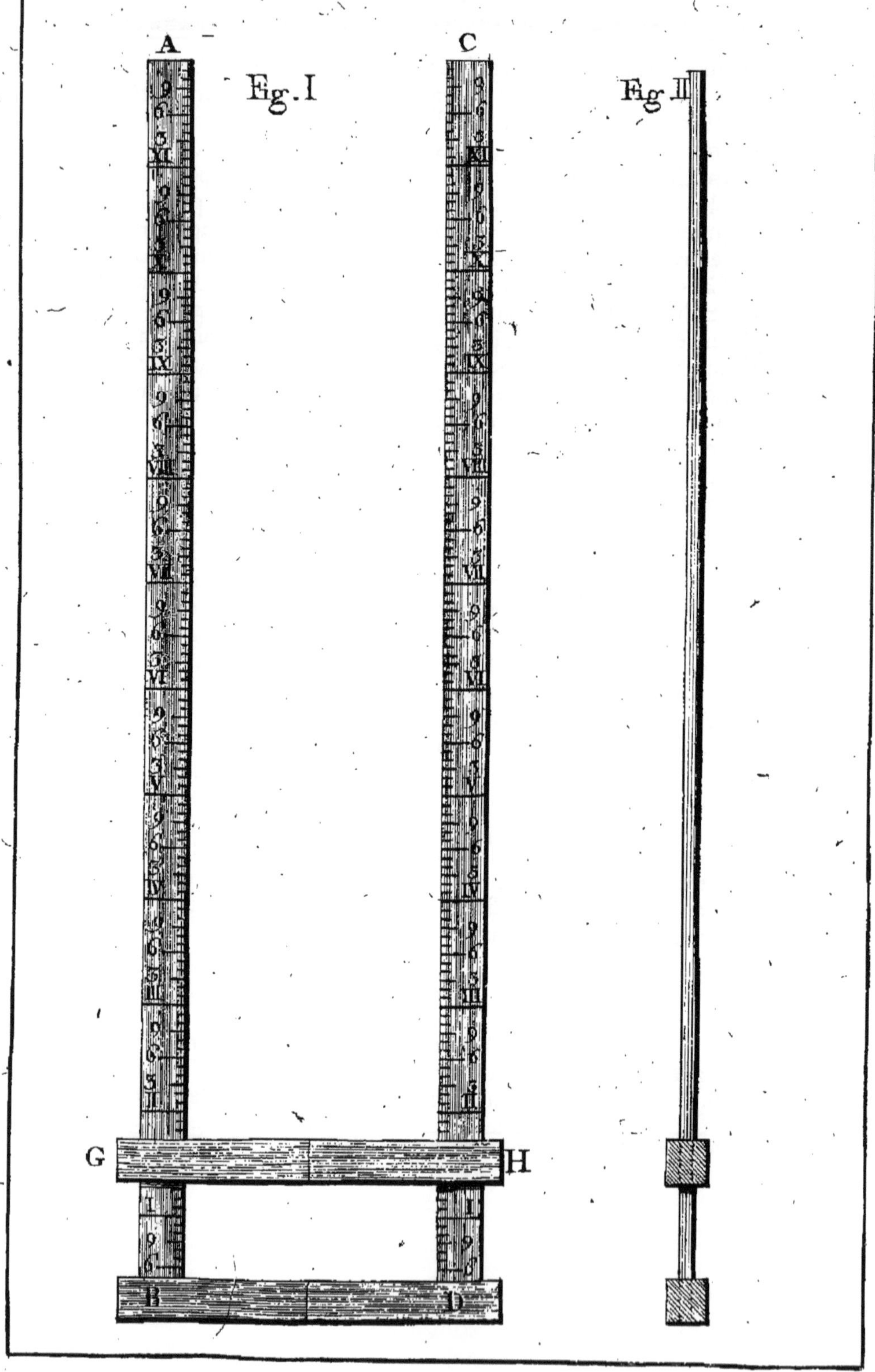
A
C
Fig. I
Fig. II
G
H
B
D

inutiles & le Tir toujours incertain. En effet, si l'on ignore de combien la batterie est éloignée de l'objet que le Boulet doit frapper, rien ne détermine, ni la charge de poudre qu'il faut employer, ni l'inclinaison que l'on doit donner au Canon; & ce n'est qu'après plusieurs tâtonnements que l'on parvient enfin à l'atteindre. Ces essais non-seulement entraînent une consommation inutile de munitions, mais font encore perdre un temps précieux, qui suffiroit souvent pour décider une affaire. C'en est assez pour sentir la nécessité de connoître la distance du but.

La Géométrie fournit plusieurs moyens pour mesurer la distance d'un point à un autre, dont on ne peut approcher. Les méthodes les plus simples, celles qui exigent le moins d'appareil, doivent être employées de préférence aux autres : telle est celle qu'on attribue à M. de Vauban; elle est trop généralement connue pour en présenter le détail. Telle est aussi la pratique très-simple que donne un triangle à équerre, dont on a souvent fait usage à l'École d'Auxonne, & qui est entre les mains de plusieurs Officiers, avec l'instruction sur la maniere de s'en servir.

La propagation du son peut aussi servir à mesurer les distances, & l'occasion de l'employer ne manque point dans un Siege; il ne s'agit que d'observer le temps écoulé entre l'instant que l'on voit le feu d'un Canon & celui qu'on entend le bruit; ce temps, réduit en secondes, fera connoître la distance de l'Observateur à ce Canon, à raison de 173 toises par seconde. La maniere de faire cette observation est détaillée dans mon Traité du Mouvement des Projectiles.

Au défaut d'autres moyens, il y a des cas où le Canon lui-même avec la hausse peut servir d'instrument pour mesurer la distance du but; il suffit pour cela de distinguer au but un objet dont on puisse estimer la grandeur réelle prise dans le sens vertical. Alors avec une hausse à volonté on inclinera la piece de Canon dirigée sur l'objet, de façon que la ligne de mire passant sur la visiere de la hausse & sur le point le plus élevé du renflement de la bouche, aille aboutir à l'extrémité supérieure de cet objet; ensuite, sans déranger la piece, on haussera la visiere jusqu'à ce que la ligne de mire, dirigée de même, aille aboutir à l'extrémité inférieure du même objet. On prendra la différence de ces deux degrés de hausse, & l'on fera la proportion suivante : cette différence est à la longueur de la piece, comprise entre l'extrémité de la culasse & le plus grand renflement de la bouche, comme la grandeur estimée de l'objet qui est au but, est à un quatrieme terme, qui sera la distance demandée.

Supposons, par exemple, qu'ayant distingué près du but un objet dont la hauteur est estimée de 6 pieds, & que pour viser à ses deux extrémités avec une piece de 24, on ait eu 4 lignes ou $\frac{1}{3}$ de pouce pour la différence des deux degrés de hausse qu'il a fallu employer; la proportion $\frac{2}{3}$: 117,63 :: 6 pi. ou 1 to. : x, donnera 235 toises pour la distance du Canon au but.

Rien de plus simple en apparence que cette méthode, puisque, sans sortir de sa place & avec les instruments même du Tir, elle donne la distance qu'il est si intéressant de connoître. Mais je ne dissimulerai pas qu'elle perd prodigieusement de son mérite, lorsqu'on fait attention à la difficulté d'estimer exactement la grandeur d'un objet éloigné, & par conséquent confus & mal terminé. Il est possible qu'avec des yeux bien exercés à ce genre d'estimation, on en tire un bon parti; quoique cette méthode m'ait réussi quelquefois, je ne la propose qu'en l'appréciant à sa juste valeur, & en conseillant de ne l'employer qu'avec la certitude de ne pas se tromper.

Dimensions des Pieces, qui influent sur la justesse du Tir.

Les dimensions de la piece, qu'il faut principalement connoître pour tirer avec justesse, sont celles qui déterminent la position de la ligne de mire par rapport à l'axe du Canon; savoir, les épaisseurs ou les diametres extérieurs à la plate-bande de culasse & au plus grand renflement de la bouche, avec l'intervalle entre ces deux diametres. On trouve ces dimensions dans la Table suivante, où l'on n'a mis que la moitié des diametres.

CALIBRES.		DEMI-DIAMETRE. *A la culasse.*			DEMI-DIAMETRE. *Au renflement.*			INTERVALLE entre ces diametres.		
		po.	li.	p^ts.	po.	li.	p^ts.	po.	li.	p^ts.
Pieces de Siege.	24	9	0	3	6	5	5	117	7	7
	16	7	10	10	5	7	9	113	2	1
	12	7	2	0	5	1	7	106	10	7
	8	6	3	3	4	5	9	96	6	2
	4	4	11	9	3	6	9	80	0	0
Pieces de Bataille.	12	6	2	9	4	11	2	76	6	4
	8	5	5	3	4	3	8	66	8	8
	4	4	3	8	3	4	10	53	0	0
Obusiers de	8	6	10	0	6	10	6	34	2	0
	6	5	6	0	5	6	9	27	9	6

On voit par ces dimensions qu'aux pieces de Canon de Siege ou de Bataille, le rayon étant plus grand à la culasse qu'au renflement de la bouche, la ligne de mire, qui passe par l'extrémité de ces deux rayons, incline vers l'axe du Canon & le rencontre, étant prolongée à une certaine distance de la bouche. C'est à cause de cette inclinaison de la ligne de mire vers l'axe du Canon, que chacune de ces pieces a un but en blanc naturel. Il n'en est pas de même des Obusiers, leur rayon étant plus petit à la plate-bande de culasse qu'à la volée, la ligne de mire passant sur ces deux plate-bandes, ne peut point remonter l'axe de l'Obusier au-delà de la bouche, ni par conséquent la courbe décrite par l'Obus. Ces deux especes d'Obusiers, avec les dimensions qu'ils ont actuellement, n'ont donc point de but en blanc naturel; mais il eſt aiſé de leur en procurer un artificiel, en employant la hauſſe, qui eſt d'un uſage beaucoup plus ſûr & plus commode que le quart de cercle; ce qui rend la méthode commune aux Canons & aux Obuſiers.

C'eſt d'après les dimenſions rapportées ci-deſſus qu'on a calculé les Tables des hauſſes & des quantités dont il faut tirer plus bas que le but, ſelon que ſa diſtance eſt plus ou moins grande que la portée du but en blanc naturel des pieces. Ces calculs ſont d'ailleurs fondés ſur la théorie établie dans le Traité cité du Mouvement des Projectiles.

Puiſque les dimenſions dont je viens de parler ſervent de fondement à nos Tables, & qu'en général elles doivent toujours régler le pointage des Canons & Obuſiers, il eſt à deſirer qu'elles ne ſoient ſujettes à aucune variation; qu'elles ſoient exactement obſervées dans la fabrication des pieces; & que l'Officier chargé de la vérification & de la réception des pieces donne une attention particuliere à l'examen de ces trois dimenſions : 1°. le diametre extérieur à l'extrémité de la plate-bande de culaſſe. 2°. Le diametre extérieur au plus grand renflement du bourlet en tulippe. 3°. L'intervalle entre ces deux diametres.

Les dimenſions qu'on vient de rapporter ont été preſcrites par un Réglement donné en 1769; comme il exiſte encore un grand nombre de Canons de Siege conſtruits d'après l'Ordonnance de 1733, & qui ont un plus petit diametre à la plate-bande de culaſſe, il faudra, dans l'uſage de ces Canons, augmenter la hauſſe indiquée par les Tables; ſavoir, pour le 24, de 1 li. 4 p^{ts}. le 16, de 1 li. 2 p^{ts}. le 12, de 1 li. 1 p^{t}. & le 8, de 1 li.

Des charges de Poudre.

Ce n'eſt point aſſez de connoître les dimenſions d'une piece de Canon, & la diſtance du but que l'on veut atteindre, il faut encore ſavoir quelle doit être la vîteſſe initiale du Boulet, conſéquemment à l'effet qu'il doit produire, & la charge de poudre qui lui communiquera cette vîtesse.

Si l'inflammation d'une charge de poudre étoit complette & instantanée, les vîtesses des Boulets de même calibre seroient proportionnelles aux racines quarrées des charges; & la même charge communiqueroit à des Boulets de différents calibres des vîtesses réciproquement proportionnelles aux racines quarrées de leurs poids, abstraction faite de l'espace que le Boulet parcourt dans l'ame du Canon, qui, par son plus ou moins de longueur, contribue à rendre la vîtesse du Boulet plus ou moins grande. Il seroit donc facile dans ce cas, connoissant la vîtesse d'un Boulet quelconque résultante d'une charge donnée, de connoître la vîtesse communiquée par toute autre charge de poudre à tout autre Boulet, quelque soit le calibre de la piece; on emploieroit pour cela la proportion $V^2 : u^2 :: \frac{C}{P} : \frac{c}{p}$, dans laquelle V étant la vîtesse connue imprimée à un Boulet dont le poids est P, par une charge exprimée par C; u est la vîtesse qu'une autre charge c communique au Boulet p. Cette analogie renferme toutes les conséquences que je viens de déduire de l'hypothese de l'inflammation instantanée. Mais cette hypothese est démentie par le fait : non-seulement une charge de poudre ne s'enflamme que successivement, il est même des charges dont l'inflammation n'est point encore achevée lorsque le Boulet sort de la piece. Dès-lors l'analogie ci-dessus ne peut plus avoir lieu : elle donneroit des vîtesses trop grandes pour les fortes charges, si on les déduisoit de la vîtesse communiquée par une petite charge, & trop petite si l'on partoit de la vîtesse produite par une forte charge, pour en conclure l'effet d'une charge plus foible. En général il n'y a point de formule des vîtesses qui puisse satisfaire à tous les cas : l'expérience seule peut nous donner, sur la force de différentes charges de poudre, des connoissances, sinon parfaitement exactes, du moins très-approchantes de la vérité & suffisantes pour la pratique. C'est donc ce guide, toujours sûr en Physique, que j'ai consulté pour connoître la vîtesse initiale que le Boulet reçoit de chaque charge de poudre & dans chacun des calibres actuellement en usage. Les procédés que j'ai suivis dans ces épreuves, sont détaillés dans le Traité, dejà cité, du Mouvement des Projectiles. Mais quoiqu'ils soient d'une nature à mériter la plus grande confiance, & malgré toute l'attention que j'ai pu y porter, on y apperçoit encore quelques irrégularités dans la progression des vîtesses, relativement à celle des charges. Car il n'est pas douteux que pour des charges qui augmentent également, les vîtesses ne doivent aussi augmenter jusqu'a un certain point, par des différences qui aillent en diminuant; c'est ce qu'enseignent toutes les théories qu'on a données sur la poudre; quoique défectueuses à plusieurs égards, elles s'accordent toutes sur cet article. J'ai donc cru devoir corriger celles des vîtesses trouvées qui, par quelque cause que ce soit, s'écartoient trop de cette regle : plusieurs vîtesses bien constatées par des épreuves répétées, m'ont guidé dans cette correction.

Les vîtesses produites par une même charge, peuvent aussi varier selon que la poudre est plus ou moins forte. Il est donc à propos de s'assurer d'abord, par le moyen du Mortier d'épreuve, de la poudre que l'on veut employer : celle qui a servi à mes épreuves, portoit le globe à la distance moyenne de 125 toises; ce qui indique une qualité supérieure de beaucoup à celle qu'exige le Réglement de 1775, qui ne prescrit qu'une portée de 90 toises pour la réception des poudres.

Connoissant donc l'effet que l'espece de poudre mise en expérience est capable de produire, il sera facile de déterminer celui dont est capable toute autre espece de poudre dans les mêmes circonstances, en observant qu'à charge égale la force de la poudre est comme la racine quarrée de la portée donnée par le Mortier d'épreuve; de sorte que si une charge de 8 livres d'une espece de poudre, dont 3 onces dans le Mortier d'épreuve ont porté le globe à 125 toises, communique au Boulet de 24 une vîtesse initiale de 1425 pieds par ſeconde; la même charge d'une autre eſpece de poudre, dont trois onces portent le globe à 90 toiſes, n'imprimera au même Boulet qu'une viteſſe de 1209 pieds; les deux nomb. 1425 & 1209, étant entre eux comme les racines quarrées de 125 & de 90. C'eſt ſur ce principe qu'a été calculée la Table des viteſſes réſultantes de différentes charges, relativement à la qualité de la poudre indiquée par les portées du Mortier d'épreuve.

Des Charges à employer en différents cas.

Il n'eſt rien moins qu'indifférent de faire un bon choix des charges de poudre qu'il faut employer, ſuivant la réſiſtance & l'éloignement des obſtacles qu'on ſe propoſe de détruire. Souvent une forte charge fait moins d'effet qu'une charge plus foible; ſouvent auſſi gagne-t-on peu à ſe ſervir d'une forte charge pour tirer à de grandes diſtances, comme de 6 à 800 toiſes. Tout conſiſte à connoître la grandeur de la réſiſtance que le Boulet a à vaincre, & la force qu'il eſt capable d'exercer au but qu'il doit frapper. Comme je me ſuis occupé de ce ſujet dans le Traité du Mouvement des Projectiles, je me contenterai de rappeller ici les regles qu'on peut ſuivre dans le choix des charges; &, pour rendre ces regles plus générales & indépendantes de la qualité de la poudre, je ne ferai mention que des viteſſes initiales que le Projectile doit avoir, ſelon les circonſtances : il ſera facile d'en conclure les charges relativement à la qualité de la poudre.

Batterie de Breche.

La meilleure méthode pour battre en breche, conſiſte à couper d'abord le revêtement vers ſon pied, par une ligne horiſontale, & de diſtance en diſtance, par des lignes verticales; d'ébranler enſuite chaque portion compriſe entre deux coupures verticales, pour la faire ébouler dans le foſſé. Les coupures, tant verticales qu'horiſontales, ſe feront d'autant mieux que le Boulet aura une plus grande vîtesse, parce qu'il ne s'agit, pour produire cet effet, que de faire enfoncer le Boulet dans la maçonnerie, sans qu'il soit nécessaire de communiquer du mouvement aux parties circonvoisines. On pourra donc alors se servir des charges qui impriment aux Boulets de 24 & de 16, des vîtesses initiales de 1400, 1500 & 1600 pieds. La ruine du revêtement étant ainsi préparée, il n'est plus question que de rompre la liaison des parties qui composent la masse de la maçonnerie comprise entre les coupures verticales : ébranler ces parties, les désunir, est alors le principal objet que l'on doit se proposer; l'éboulement suivra bientôt cet effet. Le poids des matériaux & la poussée des terres y contribueront au moins autant que les chocs réitérés des Boulets, qui, dans ce cas, ne doivent point avoir une aussi grande force que pour faire les coupures dont je viens de parler; ils ne doivent point s'enfoncer dans la maçonnerie, mais l'ébranler, & il suffit pour cela que, par la percussion, le mouvement soit communiqué aux parties environnantes. Des charges qui donnent au Boulet une vîtesse initiale de 1000 à 1200 pieds, sont très-propres à cet effet.

Des Batteries pour tirer de plein fouet.

Ces batteries s'établissent à différentes distances du corps de la Place assiégée, sur la premiere, la seconde & la troisieme parallele. Leur objet est d'écrêter & détruire les Parapets qui, par leur élévation, peuvent nuire au Tir à ricochet ou d'enfilade; d'élargir & démolir les embrasures; d'entamer même le corps de la maçonnerie qui forme le revêtement. Il faut une grande force au Boulet pour produire ces effets, & comme il part de loin, il est nécessaire que sa vîtesse initiale soit assez grande pour que, étant arrivé au but, il lui reste assez de force pour l'objet qu'il doit remplir. J'estime donc que, pour une batterie située de 250 à 300 toises du corps de la Place, le Boulet de 24 doit partir avec une vîtesse initiale de 1400 pieds, & le Boulet de 16 avec une vîtesse de 1450 pieds. Lorsque la batterie est éloignée de 150 à 200 toises, il suffit que ces Boulets partent avec une vîtesse de 1300 pieds pour le premier, & de 1400 pour le second.

Des Batteries à ricochet ou d'enfilade.

On se sert des pieces de 24, de 16 & de 12 pour le Tir d'enfilade. Les Obusiers de 8 & 6 pouces peuvent aussi être utilement employés à cet effet; mais dans le choix c'est à celui de 6 pouces qu'il faut donner la préférence, parce que son Obus est susceptible d'une plus grande vîtesse que l'Obus de 8 pouces. Un coup d'œil sur la Table suivante fera voir les vîtesses qu'il convient d'employer pour le Tir à ricochet, avec ces Bouches à feu, & aux distances qui y sont indiquées.

NOMS des PIECES.		*Vîtesses initiales pour le Tir à ricochet.*			
		à 150 to.	à 200 to.	à 250 to.	à 300 to.
		pi.	pi.	pi.	pi.
Canons de....	24	450 à 600	500 à 700	600 à 750	650 à 800
	16	500 à 630	500 à 700	600 à 800	700 à 900
	12	500 à 650	600 à 800	700 à 900	700 à 1100
Obusrs. de....	8	400 à 500	500 à 520	....	....
	6	400 à 450	500 à 600	600 à 750	750......

Cette Table indique deux vîtesses initiales pour chaque distance; l'une est la plus petite, l'autre la plus grande qu'il faut employer, sans exclure les vîtesses intermédiaires qui peuvent aussi servir. Avec la premiere de ces deux vîtesses, le Boulet tombera, à peu de distance du Parapet, sur le terre-plein d'un Rempart, de 7 pieds plus bas que le sommet du Parapet qu'il aura franchi, & ricochera ensuite, si le terrein le permet. Avec la seconde, il décrira une courbe plus alongée & d'un effet plus meurtrier. Avec l'une & l'autre, le Boulet se trouvera dans la branche descendante de sa courbe, en franchissant le Parapet, bien entendu qu'on aura pointé la piece de but en blanc sur le sommet du Parapet, par le moyen d'une hausse convenable, relativement à la vîtesse initiale du Boulet & à la distance de la batterie.

Quoique les vîtesses de cette Table aient été calculées pour un Parapet dont la crête est de 30 pieds au dessus du niveau de la batterie, elles peuvent encore servir lorsque la hauteur de l'ouvrage que l'on veut battre d'enfilade est de 60 pieds, excepté le cas d'une distance de 150 toises, à laquelle les Boulets des trois calibres ne doivent avoir qu'une vîtesse initiale de 500 pieds, & les Obus une de 400; parce qu'avec des vîtesses plus grandes, ces Projectiles, en partant de 150 toises pour passer sur un Parapet de 60 pieds de hauteur, se trouveroient encore dans la branche ascendante de leur courbe. Sur quoi il est bon d'observer que les batteries à ricochet doivent être éloignées au moins de 200 toises des ouvrages qu'elles doivent enfiler, lorsque ces ouvrages sont fort élevés.

Des Batteries pour la défense des Places.

Le Canon d'une Place assiégée n'a ordinairement que de foibles obstacles à vaincre : démonter les batteries de l'Assiégeant, renverser des Gabions, inquiéter les Travailleurs de la Tranchée, sont les principaux objets auxquels le Canon de la Place est destiné. Il est clair que pour les remplir le Boulet n'a besoin que d'une force médiocre, & qu'une vîtesse de 1000 à 1200 pieds est plus que suffisante. On ne feroit donc, dans ce cas, qu'une consommation inutile de poudre, si l'on suivoit la regle généralement adoptée de tirer au tiers du poids du Boulet. Il est même des circonstances où les vîtesses propres au Tir à ricochet produiront tout l'effet qu'on peut desirer : elles sont très-fréquentes dans la défense d'une Place, depuis l'ouverture de la Tranchée jusqu'aux attaques les plus rapprochées. Il en eſt d'autres où il en faut encore moins : qui ne ſait que pour tirer ſur une Troupe, le moindre degré de vîteſſe dont le Boulet puiſſe être animé en arrivant au but, ſuffit pour y faire beaucoup de ravage? il ne s'agit que de le faire arriver. On dira peut-être qu'il ſeroit trop embaraſſant, tant pour l'approviſionnement que pour le ſervice des batteries, s'il falloit continuellement varier les charges ſuivant la réſiſtance des objets que l'on a à battre; que d'ailleurs on ne riſque rien à employer conſtamment les plus fortes charges, dont l'effet eſt certain dans tous les cas, ſuivant cette maxime triviale, que qui peut le plus peut le moins. Pour répondre à cette objection, qui eſt la ſeule qu'on puiſſe raiſonnablement faire contre la diverſité des charges, j'obſerverai que ſi, comme on n'en peut diſconvenir, il y a de l'avantage de proportionner les charges à l'effet qu'elles doivent produire : on ne doit pas ſe faire une peine de la petite ſujétion qu'il y auroit à varier les charges ſelon les circonſtances, d'autant plus que ce n'eſt jamais d'un coup à l'autre que cette variation peut avoir lieu, mais ſeulement lors du changement de la deſtination d'une batterie. Au reſte, c'eſt une erreur de croire qu'on obtient toujours d'une forte charge tout l'effet que pourroit produire une charge plus foible. Perſonne n'ignore qu'un Boulet, avec une vîteſſe médiocre, briſe & fait ſauter en éclats un corps dans lequel il n'auroit fait que ſon trou, ſans même l'ébranler, ſi ſa vîteſſe eût été plus conſidérable.

Il y a donc un choix à faire; & ce choix ne peut être fondé que ſur la connoiſſance de la force qu'une charge donnée imprime au Projectile, de celle qu'il conſerve à chaque point de ſa courſe, & de la nature de l'obſtacle qu'il doit détruire.

Uſage des Tables du Tir des Canons & Obuſiers.

Chaque calibre a ſes Tables particulieres, au nombre de quatre; la premiere indique la charge de poudre qu'il faut employer pour communiquer au Boulet une vîtesse initiale donnée, & réciproquement quelle est la vîtesse initiale qui résulte d'une charge donnée. Et comme, suivant la qualité de la poudre, la même charge peut imprimer au Boulet une vîtesse plus ou moins grande, aux vîtesses résultantes des épreuves faites avec une espece de poudre, qui, dans le Mortier à éprouver les poudres, portoit le globe à 125 toises, on a ajouté les vîtesses que donneroit toute autre qualité de poudre, qui porteroit le même globe de 90 à 140 toises. Les nombres du premier rang horisontal de cette Table indiquent les portées du Mortier d'épreuve, & désignent en même temps la qualité des poudres. Dans la premiere colonne sont les charges de poudre, exprimées en livres & fractions de livre, poids de marc. Dans les cases correspondantes, on trouve les vîtesses résultantes de chaque charge, avec chaque espece de poudre.

Veut-on savoir, par exemple, quelle est la vîtesse initiale que le Boulet de 24 reçoit d'une charge de 3 livres, avec une poudre dont la qualité est désignée par la portée de 115 toises du Mortier d'épreuve? on trouvera que cette vîtesse est de 950 pieds, ce nombre répondant à la charge de 3 livres dans le rang horisontal, & à 115 toises dans la colonne verticale.

A la suite de cette Table est une colonne dont les nombres indiquent la longueur de l'espace que les charges de poudre occupent dans l'ame de la piece; on suppose ces charges renfermées dans une gargousse de papier, moulée sur un mandrin de même diametre que le Boulet.

La seconde Table de chaque calibre comprend les vîtesses que le Projectile conserve après avoir parcouru un certain espace. Ces espaces sont marqués en tête de chaque colonne; dans la premiere colonne sont les vîtesses initiales du Boulet. Ainsi l'on trouve qu'un Boulet de 24, qui sort du Canon avec une vîtesse initiale de 1400 pieds par seconde, conserve encore, après avoir parcouru 200 toises, une vîtesse de 1151 pieds, aussi par seconde.

Si l'on demande quelle doit être la vîtesse initiale d'un Boulet de 24, pour qu'à la distance de 300 toises il en conserve une de 900 pieds, on cherchera, dans la colonne qui a 300 toises en tête, le nombre 900, ou celui qui en approche le plus, on trouvera 895 dans le rang qui commence par 1200; c'est donc avec une vîtesse initiale d'environ 1200 pieds, que ce Boulet doit être chassé, pour qu'à la distance de 300 toises, sa vîtesse soit de 900 pieds.

La troisieme Table indique la maniere de diriger une piece de Canon, lorsque la distance de la batterie au but est moindre que la portée du but en blanc naturel de la piece : il faut alors pointer au dessous du but, d'une certaine quantité qu'on trouve dans la troisieme colonne de cette Table, relativement à la vîtesse initiale du Boulet, qui y est marquée dans la premiere colonne, & à la distance du but comprise dans la seconde colonne.

Si les quantités dont il faut pointer plus bas que le but, sont exprimées dans cette Table en pieds, pouces & lignes, ce n'est pas que je prétende porter le pointage du Canon à ce degré de précision, cela ne seroit pas moins ridicule que de vouloir estimer à un pouce près les portées des Bouches à feu. Mon unique dessein, en exprimant ainsi ces quantités, a été de donner une idée exacte de la courbure que prend la trajectoire d'un Boulet, & de donner à ceux qui en seront curieux un moyen de la tracer.

La précision dans l'usage de cette Table est si peu nécessaire, qu'à la place de chacune des quantités marquées dans la troisieme colonne, on peut en prendre une autre plus ou moins grande de tout le diametre du Boulet, & beaucoup plus dans bien des circonstances. Car enfin l'objet du Tir n'étant pas de frapper un point, on a toujours assez de marge pour atteindre le but, en tirant un peu plus haut ou un peu plus bas qu'il n'est indiqué par cette Table. Le plus sûr cependant est de s'en écarter le moins qu'il est possible, & à cet égard l'usage de cette Table ne présente aucune difficulté.

Qu'il s'agiſſe par exemple de tirer la piece de 24 à la diſtance de 200 toiſes, avec une charge de poudre qui imprime au Boulet une vîteſſe initiale de 1250 pi. on trouvera qu'il faut pointer, ou diriger la ligne de mire naturelle de la piece, à 9 pi. 0 po. 10 li. ou ſimplement à 9 pieds au deſſous du but que le Boulet doit frapper. Mais il peut arriver que l'élévation du but au deſſus du terrein ſoit de moins de 9 pieds: alors la piece devant toujours être pointée à 9 pieds plus bas que le but, il faudra que la ligne de mire plonge à terre à une certaine diſtance du but, de maniere que ſon prolongement aboutiſſe à 9 pieds au deſſous: la détermination de cette diſtance dépend du profil du terrein intermédiaire, pris ſur la ligne de Tir, & de la hauteur au deſſus de ce terrein, tant du but que de la bouche du Canon: on voit donc que cette maniere de pointer demande beaucoup d'uſage & un coup d'œil bien exercé. J'ai ſouvent été témoin de la ſurpriſe du Canonnier, lorſqu'il s'eſt vu obligé de faire plonger la ligne de mire vers le milieu de la diſtance de la batterie au but. Au reſte, il eſt facile d'éviter cet inconvénient en diminuant la vîteſſe initiale du Boulet, de façon que la diſtance à laquelle on doit tirer, devienne à peu près une portée de but en blanc, ou qu'au moins la ligne de mire puiſſe être dirigée au pied du but, ſans être obligé de la faire plonger. C'eſt ainſi que, dans l'exemple que je viens de propoſer, ſi, au lieu de la vîteſſe de 1250 pieds, on prend celle de 1000 pieds pour tirer à 200 toiſes, on trouvera qu'il faut pointer de but en blanc; car la Table indique qu'avec cette vîteſſe de 1000 pieds, la piece de 24 a une portée de but en blanc de 198 toiſes, qui differe très-peu de 200 toiſes. Il ne s'agit que de ſavoir ſi la vîteſſe initiale de 1000 pieds eſt ſuffiſante pour l'effet que le Boulet doit produire à 200 toiſes, où ſa vîteſſe ne ſeroit plus que de 823 pi. attention qu'il ne faut jamais négliger dans le choix des vîteſſes ou des charges de poudre. Enfin, ſi le but étoit élevé de 6 pieds au deſſus du terrein, la Table indique qu'en donnant au Boulet une vîteſſe initiale de 1150 pieds, on pourroit pointer au pied du but, sa distance étant toujours supposée de 200 toises.

La quatrieme Table comprend les hausses qu'il faut employer lorsque la distance de la batterie au but est plus grande que la portée du but en blanc naturel de la piece. L'inspection seule de cette Table suffit pour en faire connoître l'usage : veut-on atteindre un but éloigné de 250 toises, avec une piece de 24, chargée de maniere que le Boulet ait une vîtesse initiale de 700 pieds ? on cherchera la colonne qui a cette vîtesse en tête, & dans le rang qui commence par la distance 250, on trouvera 4 po. 3 li. qui est la hausse qu'il faut employer pour tirer de but en blanc. La même Table donne aussi les portées du but en blanc naturel de la piece, relativement à chaque vîtesse initiale; ce sont les distances correspondantes à des hausses marquées d'un zéro : ainsi la portée du but en blanc naturel de la piece de 24, lorsque le Boulet a 900 pieds de vîtesse initiale, est de 164 to. parce que la hausse qui répond à cette distance & à cette vîtesse, est nulle ou zéro.

Si l'on veut avoir la hausse relative à une distance plus grande que celles qui se trouvent dans la Table, on voit qu'à des distances qui augmentent également, répondent des hausses qui ont aussi à peu près la même différence. Il suffit donc de répéter cette différence autant de fois qu'il y auroit de termes à mettre dans la colonne des distances, pour la continuer jusqu'à la distance donnée, & ajouter ce produit à la derniere hausse, pour avoir la hausse demandée. Veut-on, par exemple, avoir la hausse à mettre à la piece de 24, pour tirer à 600 toises, la vîtesse initiale du Boulet étant de 1100 pieds ? on voit dans la colonne qui a cette vîtesse en tête, que la différence des dernieres hausses est 2 lig. qu'il faut prendre dix fois, parce qu'il manque dix termes pour continuer la colonne des distances jusqu'à 600; ajoutant donc 20 lignes, ou plutôt 21 lignes à la derniere hausse 4 po. on aura 5 po. 9 li. pour la hausse correspondante à la distance 600 toises.

Aux Tables des pieces de Bataille on en a ajouté une

particuliere, pour indiquer l'effet que produit l'évasement de l'ame des pieces sur la vîtesse initiale du Boulet, & qui consiste dans une diminution sensible de cette vîtesse, à mesure que l'évasement devient plus grand; d'où résulte une augmentation de hausse pour obtenir les mêmes portées. Ainsi quoiqu'on tire toujours les pieces de Campagne avec la même charge de poudre, on a étendu les Tables III & IV à différentes vîtesses initiales, depuis 1000 jusqu'à 1500 pieds par seconde; de sorte qu'avec ces Tables & celle qui les précede, on a le moyen de pointer dans tous les cas.

Il n'y a que trois Tables pour les Obusiers; celle des quantités dont il faut tirer plus bas que le but leur est inutile, parce qu'ils n'ont point de but en blanc naturel, leur diametre à la plate-bande de volée étant un peu plus grand qu'à la plate-bande de culasse.

Pour faire voir maintenant la dépendance mutuelle de ces Tables, & pour en rendre l'usage de plus en plus familier, je vais proposer & résoudre quelques problêmes relatifs au Tir du Canon & des Obusiers.

PROBLÊME Ier.

Une charge de poudre étant donnée, pour être employée dans une piece d'un calibre donné, trouver la vîtesse initiale qu'elle communiquera au Boulet.

Soit la piece du calibre de 16, & la charge de 3 liv. la poudre étant d'une qualité à porter le globe du Mortier d'épreuve à 125 toises, on cherchera dans la premiere Table du calibre de 16 & dans la colonne qui a 125 en tête, le nombre qui répond à la charge de 3 liv. on trouvera que cette charge communique au Boulet une vîtesse initiale de 1220 par seconde.

Si la charge proposée ne se trouve point dans la Table, que l'on demande, par exemple, la vîtesse que le Boulet de 16 reçoit de la charge de 1 $\frac{1}{4}$ liv. de la même qualité de poudre ? prenez la charge d'une livre & la vîtesse 704 qui lui répond, & dites $\sqrt{1} : \sqrt{1\frac{1}{4}}$ :: 704 est à la vîtesse demandée, que vous trouverez de 788 pieds. Cette regle, qui vient de l'analogie $V^2 : u^2 :: \frac{C}{P} : \frac{c}{p}$, dont on a parlé ci-dessus, donne un résultat suffisamment exact, quand la différence entre les charges ou les vîtesses que l'on compare, n'est pas trop considérable.

PROBLÊME II.

Connoissant la vîtesse qu'un Boulet doit avoir, trouver la charge de poudre qui lui communiquera cette vîtesse.

Soit un Boulet de 24 auquel on veut imprimer une vîtesse initiale de 1065 pieds, la qualité de la poudre étant indiquée par la portée 125 du Mortier d'épreuve. Cherchez dans la Table Ire. de la piece de 24, la colonne qui a 125 en tête, vous y trouverez la vîtesse 1065, & à côté la charge de 3 ½ liv. qui est celle qu'on demande.

Si l'on veut que ce même Boulet ait une vîtesse initiale de 1200 pieds, on prendra la vîtesse 1132, immédiatement plus petite, dans la même colonne, avec la charge correspondante 4 liv. & l'on fera cette proportion : $(1132)^2 : (1200)^2$ :: 4 est à un quatrieme terme que l'on trouvera être 4 ½ à peu près, ce sera la charge demandée.

PROBLÊME III.

Connoissant la vîtesse initiale d'un Boulet, trouver la vîtesse qui lui reste à une distance donnée du Canon.

Supposons un Boulet de 16 sortant de la piéce avec

une vîtesse initiale de 1350 pieds, pour savoir quelle est la vîtesse qui lui reste à 400 toises du Canon, on cherchera dans la Table II de la piece de 16, & dans la colonne qui a 400 en tête, le nombre qui est dans le même rang que la vîtesse initiale 1350, on trouvera 864, qui est la vîtesse que ce Boulet conserve après avoir parcouru 400 toises.

Si la vîtesse initiale proposée ne se trouve point dans la Table, il sera toujours aisé de trouver la vîtesse restante, en employant les parties proportionnelles; que la vîtesse initiale du Boulet de 16 soit 1380, pour avoir sa vîtesse restante au bout de 400 to. on prendra les deux vîtesses initiales consécutives 1350 & 1400, entre lesquelles se trouve la vîtesse donnée 1380, & les deux vîtesses restantes correspondantes 864 & 896, entre lesquelles doit se trouver celle que l'on cherche, & l'on dira : 50, diff. des deux vîtesses initiales 1350 & 1400, est à 30, diff. de la plus petite à celle qui est donnée, comme 32, diff. entre les vîtesses restantes 864 & 896, est à 19 $\frac{1}{5}$, diff. entre la plus petite de ces dernieres & celle que l'on cherche.

Ajoutant donc 19 $\frac{1}{5}$, ou simplement 19 à 864, on aura 883 pour la vîtesse que ce Boulet conserve au bout de 400 toises.

PROBLÊME IV.

Connoissant la vîtesse qu'un Boulet doit avoir en frappant un but dont la distance est donnée, trouver sa vîtesse initiale & la charge qu'il faut employer.

Supposons qu'un Boulet de 24, pour vaincre un obstacle, doit avoir une vîtesse de 1000 pieds par seconde, & que la distance de la batterie à cet obstacle est de 250 toises. Il faut donc que la vîtesse initiale du Boulet soit telle qu'au bout de 250 toises il lui en reste une de 1000 pieds. Cherchez dans la Table II de la piece de 24, & dans la colonne qui a 250 en tête, le nombre 1000, ou celui qui en approche le plus, vous trouverez 1018, qui répond à une vîtesse initiale de 1300 pieds, un peu plus grande que celle qui donne une vîtesse restante de 1000 pi. au bout de 250 toises. Pour l'avoir plus exactement, on se servira des parties proportionnelles, comme au problême III, & l'on trouvera que cette vîtesse initiale doit être de 1277 pi. A l'égard de la charge, en s'y prenant comme au problême II, on verra qu'elle est de 5 $\frac{1}{6}$ liv. en supposant la même qualité de poudre.

PROBLÊME V.

Connoissant la charge de poudre & la distance du but, pointer la piece de Canon.

Une piece de 16 étant placée à 280 toises du but, & chargée à 5 livres de poudre, de la qualité de celle qui porte le globe du Mortier d'épreuve à 125 toises, on cherchera d'abord par le probl. Ier. la vîtesse initiale résultante de cette charge, que l'on trouvera de 1415 pieds; cette vîtesse, qu'il faut ensuite chercher dans la Table III, ne s'y trouve point; mais celle de 1400 pi. qui en approche le plus, fait voir qu'à 280 to. il faut pointer d'environ 4 pieds plus bas que le but; il faudra donc pointer un peu plus bas avec la vîtesse initiale de 1415 pieds, c'est-à-dire à environ 5 pieds au dessous du but.

Si la charge de la même piece est de 6 livres & la distance du Canon au but de 400 toises, on trouvera par la Table Ire. que la vîtesse initiale est de 1445 pi. Or, on voit par la Table III qu'avec cette vîtesse la distance de 400 toises est plus grande que la portée du but en blanc naturel de la piece; il faut donc employer la hausse & recourir pour cela à la Table IV, où l'on trouve qu'à la distance de 400 toises la vîtesse initiale de 1450 pieds exige une hausse de 7 lignes; par conséquent, avec la vîtesse de 1445 pieds, il faudra une hausse un peu plus grande, & de près de 8 lignes.

PROBLÊME VI.

Connoissant la distance du but, trouver la charge à employer pour pointer la piece de but en blanc.

Soit une piece de 24 placée à 300 toises du but que l'on veut atteindre en pointant de but en blanc, cherchez cette distance dans la Table III de la piece de 24, de maniere qu'elle réponde à une portée de but en blanc, vous trouverez que les distances qui en approchent le plus avec cette condition sont 309, qui répond à une vîtesse initiale de 1300 pieds, & 290 avec la vîtesse initiale de 1250. Donc, puisque la distance proposée tient à peu près le milieu entre 290 & 309, il faudra que la vîtesse que l'on cherche tienne aussi le milieu entre 1250 & 1300, & qu'elle soit d'environ 1275 pi. Pour avoir la charge, on consultera la Table Ire. & par le probl. II, on trouvera qu'elle doit être d'environ 5 $\frac{1}{6}$ livres.

La même chose auroit pu se trouver par le moyen de la Table IV, en cherchant les deux distances 290 & 309, qui approchent le plus de la distance proposée 300, & qui donnent chacune zéro de hausse.

PROBLÊME VII.

Connoissant la distance de la batterie à un ouvrage de Fortification, trouver la charge & pointer la piece pour enfiler cet ouvrage par le Tir à ricochet.

Je supposerai une batterie de quatre pieces de 16 à 200 toises de l'ouvrage que l'on veut battre d'enfilade, un plus grand nombre de pieces seroit inutile. On sait que ces sortes de batteries s'établissent perpendiculairement à la prolongation des faces de l'ouvrage que l'on veut enfiler : la premiere piece, celle qui est le plus près de cette prolongation, en est éloignée de 24 pieds, & les autres sont espacées de 18 pieds en 18 pieds. La premiere & la seconde pieces peuvent être dirigées parallélement à la même prolongation, ou avoir leur ligne de Tir perpendiculaire à la longueur de la batterie. La distance supposée étant de 200 toises, il faut que la troisieme piece incline vers les deux premieres d'environ 2 pouces & demi sur l'épaisseur de l'épaulement; c'est-à-dire que s'il y a 18 pieds entre les milieux des ouvertures intérieures des embrasures de la seconde & de la troisieme pieces, il ne doit y avoir que 17 pieds 9 po. 6 li. entre les milieux des ouvertures extérieures, l'épaisseur de l'épaulement étant de 18 pieds. Enfin, la direction de la quatrieme piece doit être inclinée vers les deux premieres de 5 pouces sur la même épaisseur de l'épaulement. Par cette disposition, les quatre pieces de la batterie enfileront le terre-plein du Rempart; les deux premieres directement, & les deux autres obliquement sur plus de 60 toises de longueur.

J'ai dit, à l'article des batteries à ricochet, que le Boulet de 16, lancé à 200 toises pour le Tir d'enfilade, doit avoir une vîtesse initiale de 500 à 700 pieds; celle de 500 pieds s'obtient avec une charge de 8 onces, & celle de 700 pieds avec la charge d'une livre; & si l'on veut aussi employer la vîtesse de 612 pieds, on l'aura avec la charge de 12 onces (voyez dans la Table Ire. de la piece de 16 la colonne qui a 125 en tête). Maintenant, pour pointer la piece, consultez la Table IV, vous trouverez qu'à la distance de 200 toises, il faut, avec la vîtesse de 500 pieds, une hausse de 7 po. 10 li. avec la vîtesse de 612 pieds, une hausse de 4 po. 6 li. & avec la vîtesse de 700 pieds, une hausse de 2 po. 11 li. La position de la ligne de mire étant ainsi déterminée, on la dirigera sur le sommet du Parapet, & même de quelques pouces au dessus, le Boulet le franchira & remplira l'objet auquel il est destiné. Quoique chacune de ces trois charges puisse produire un bon effet, je pense qu'il seroit avantageux de les employer toutes à la fois & alternativement dans les quatre pieces de la batterie; cela multiplieroit les points de chûte sur le terre-plein du Rempart, & il en résulteroit une destruction plus prompte de tout ce qui pourroit s'y rencontrer.

A cette distance de 200 toises, l'Obusier de 6 po. peut aussi très-bien servir pour le Tir à ricochet. J'ai dit à l'article des batteries à ricochet que, pour cet effet, il faut que l'Obus ait une vîtesse initiale de 5 à 600 pieds. Que l'on cherche donc ces vîtesses dans la Table Ire. de l'Obusier de 6 pouces, on trouvera qu'avec une espece de poudre qui porte le globe du Mortier d'épreuve à 125 toises, il faut une charge de 14 onces pour la vîtesse de 500 pieds, & une charge de 20 onces pour celle de 600 pieds. Enfin, l'on trouvera dans la Table III de cet Obusier, qu'en employant la vîtesse de 500 pieds ou la charge de 14 onces, il faut une hausse de 2 po. 7 li. & que pour la vîtesse de 600 pieds ou la charge de 20 onces, il faut une hausse de 1 po. 10 li.

Veut-on avec la piece de 24, chargée d'une livre de poudre, tirer à ricochet sur un ouvrage éloigné de 250 toises? la Table Ire. fait voir, dans la colonne qui a 125 en tête, que cette charge communique au Boulet une vîtesse initiale de 575 pieds, & la Table IV indique qu'avec cette vîtesse, il faut, à la distance de 250 toises, pointer la piece de but en blanc avec une hausse de 6 po. 6 li. pour que le Boulet rase le sommet du Parapet, sur lequel on aura dirigé la ligne de mire. Il vaudroit mieux, dans ce cas, que le Boulet eût une vîtesse initiale de 750 pi. pour laquelle on trouve par le probl. II qu'il faut une charge de 27 $\frac{1}{2}$ onces de poudre; ensuite la Table IV fait voir qu'on doit faire usage d'une hausse de 3 po. 4 li. pour viser de but en blanc sur le sommet du Parapet que le Boulet doit franchir.

Enfin, pour parler aussi de la distance de 300 toises, à laquelle on est souvent obligé d'établir les batteries à ricochet, ces batteries étant communément placées en

avant de la premiere parallele, on voit, par le tableau des vîtesses que doivent avoir les différents Projectiles qu'on peut employer pour le ricochet, que la vîtesse initiale du Boulet de 24 peut aller jusqu'à 800 pi. par seconde ; que celle du Boulet de 16 peut être de 900 pieds ; celle du Boulet de 12, de 1100, & celle de l'Obus de 6 po. de 704 pieds, qui est la plus grande qu'il puisse recevoir d'une charge à chambre pleine, la poudre étant d'une qualité indiquée par la portée de 125 toises du Mortier d'épreuve. On trouvera donc qu'à la distance de 300 toises il faut, pour le Canon de 24, une charge de 2 liv. & une hausse de 3 po. 11 li.
de 16, une charge de $1\frac{3}{4}$ liv. & une hausse de 2 po. 11 li.
de 12, une charge de $1\frac{5}{8}$ liv. & une hausse de 1 po. 3 li.
Obus. de 6 po. charge de $1\frac{3}{4}$ l. & une ha. de 2 po. 2 li.

PROBLÊME VIII.

Trouver la charge la plus convenable pour chasser le Boulet à une grande distance, où il n'auroit que de foibles obstacles à détruire, & pointer la piece à cet effet.

Pour tirer au loin on seroit naturellement porté à employer les plus fortes charges, si l'on ne considéroit point l'effet que le Boulet doit produire. Les circonstances où l'on est obligé de tirer à une grande distance, comme de 6 à 800 toises, se présentent rarement, & n'ont guere lieu que dans la défense d'une Place, lorsque l'on veut inquiéter les Travailleurs à l'ouverture de la tranchée, ou le transport des munitions, ou le Parc lui-même d'où l'on tire ces munitions. Dans tous ces cas, il est évident que le Boulet ne doit avoir qu'une force médiocre pour l'objet qu'on se propose de remplir.

Le Boulet peut atteindre le même but ou être porté à la même distance, en partant avec différentes vîtesses initiales. Plus cette vîtesse est grande, moins il faut de hausse pour pointer la piece, & plus on pourra compter ſur la juſteſſe du Tir. Le choix qu'il y a donc à faire de la vîteſſe initiale, conſiſte à la prendre telle, qu'il en réſulte une hauſſe qui ne paſſe point 5 ou 6 pouc. & qu'au bout de la diſtance donnée, le Boulet conſerve une vîteſſe ſuffiſante pour l'effet qu'il doit produire.

Suppoſons que cette vîteſſe, qui doit reſter au Boulet, ſoit de 500 pieds, & la diſtance donnée de 600 toiſes; s'il s'agit d'un Boulet de 16, on cherchera dans la Table II de la piece de 16 & dans la colonne qui a 600 to. en tête, le nombre 500 ou celui qui en approche le plus, on trouvera 512, qui répond à une vîteſſe initiale de 1000 pieds; mais pour tirer à 600 toiſes avec cette vîteſſe initiale, on voit par la Table IV qu'il faudroit une hauſſe d'environ 8 pouces; ce qui éléveroit trop la piece & rendroit le Tir fort incertain. On fera donc mieux de prendre une vîteſſe plus grande, celle par exemple de 1100 pieds, qui, à la même diſtance de 600 toiſes, n'exige qu'une hauſſe de 6 pouces, & employer, ſuivant la Table Ire. une charge de 2 ½ liv. de poudre, de celle qui porte le globe du Mortier d'épreuve à 125 to. le Boulet conſervant au bout de cette diſtance une vîteſſe de 563 pi. ſera capable de tout l'effet que l'on deſire.

PROBLÊME IX.

Connoiſſant la diſtance d'un but que l'on veut atteindre en pointant de but en blanc, trouver la charge d'une poudre de qualité donnée.

Suppoſons 215 toiſes pour la diſtance à laquelle on veut tirer de but en blanc avec une piece de 24 : on trouve dans la Table III de ce calibre, que pour cet effet le Boulet doit avoir une vîteſſe initiale de 1050 pi. & ſi la poudre qu'on emploie eſt de celle qui porte le globe du Mortier d'épreuve à 112 toiſes, la Table Ire. indique que la charge doit être de 3 ½ à 4 livres; on cherchera donc d'abord la vîteſſe réſultante de la charge de 3 $\frac{1}{2}$ liv. d'une poudre de 112 toises, en observant que la différence de 110 à 112 est les $\frac{2}{5}$ de celle de 110 à 115 ; & comme la différence de 999 à 1021 est 22, dont les $\frac{2}{5}$ sont 9 à peu près, en ajoutant 9 à 999, on aura 1008 pour la vîtesse résultante d'une charge de 3 $\frac{1}{2}$ liv. ou de 56 onces de la poudre en question. On fera ensuite cette proportion : 1008 : 1050 :: $\sqrt{56}$ est à un quatrieme terme, qui donne 3 liv. 12 onc. 6 gros pour la charge que l'on demande.

Cette proportion est fondée sur ce que les vîtesses communiquées par différentes charges, sont comme les racines quarrées de ces charges ; quoique cette regle ne soit pas générale, ainsi qu'on l'a déjà observé, elle peut néanmoins servir, sans erreur sensible, lorsque les charges que l'on compare different peu entr'elles, comme dans l'exemple de ce problême.

Dans tout ce qui vient d'être dit sur le Tir du Canon & des Obusiers, on a pu remarquer qu'il n'a point été question de considérer la situation du but par rapport au niveau de la batterie, ni l'angle de projection ou l'inclinaison de la piece sur l'horison : nos Tables dispensent d'avoir égard à ces deux circonstances ; & c'est un avantage bien réel attaché au Tir de but en blanc, soit naturel, soit artificiel. L'Officier chargé du commandement d'une batterie, n'a donc d'autre soin à prendre que de connoître la distance du but, la qualité de la poudre, & de prescrire en conséquence la charge & la hausse que le Canonnier doit employer. La seule chose qui puisse causer quelqu'embarras, c'est la connoissance de la qualité de la poudre ; elle peut varier d'un barril à l'autre, & l'on n'a pas toujours sous la main les moyens de s'assurer de cette variété. Sur quoi j'observerai que les poudres ne sont reçues dans les Magasins du Roi qu'après avoir été éprouvées, & qu'il est constaté qu'avec trois onces elles portent le globe de 60 liv. au-delà de 90 toises. Mais qui empêche qu'aux formalités prescrites par l'Ordonnance, on en ajoute une autre qui puisse servir à faire connoître en tout temps & en tous lieux la qualité de la poudre ?

Il ne s'agiroit que de marquer ſur chaque barril la portée moyenne obtenue par l'épreuve ; cette portée ſeroit la marque caractériſtique de la force de la poudre ; à l'inſpection d'un barril ainſi marqué, on verroit qu'il contient de la poudre de telle ou telle portée ; de la poudre de 110, de 120 toiſes, &c. & nos Tables indiqueroient la viteſſe initiale réſultante d'une charge quelconque de cette poudre. S'il eſt important, s'il eſt ſeulement raiſonnable de connoître le principal agent qu'on emploie dans l'Artillerie, on ne doit certainement point négliger les moyens de s'en procurer la connoiſſance : celui que je propoſe eſt ſimple, de la plus facile exécution, & l'on ne peut diſconvenir qu'il n'eſt pas moins néceſſaire d'en établir l'uſage, qu'il eſt indiſpenſable, pour la juſteſſe du Tir, de connoître la force de la poudre.

On dira peut-être que cette marque que je veux mettre ſur chaque barril lors de la réception des poudres, n'empêchera point que par la ſuite les influences de l'athmoſphere, l'humidité, la ſéchereſſe n'alterent la qualité de la poudre qui y eſt renfermée, & n'en changent la force ; de ſorte qu'au moment où l'on voudra s'en ſervir, cette indication pourra induire en erreur, ou laiſſer au moins dans l'incertitude ſi la poudre produira l'effet qu'on en attend. Quelque juſte que ſoit cette objection, il n'en eſt pas moins vrai que la connoiſſance de ce que la poudre a été en ſortant des mains du Fabricant, ne peut qu'être fort utile : ſi les différentes températures de l'air lui font éprouver quelques altérations, l'expérience prouve qu'elle revient toujours à ſon premier état, à moins qu'une humidité trop abondante n'attaque le ſalpêtre & n'en dérange l'organiſation ; mais alors la poudre eſt hors de ſervice & doit être miſe en réparation. On peut donc toujours compter à peu près ſur la qualité de la poudre indiquée par la marque du barril ; d'autant plus que quelques pieds de plus ou de moins dans la viteſſe du Boulet, ne ſont d'aucune conſéquence pour la pratique.

Je dois prévenir auſſi que, pour d'autres cauſes, l'uſage de nos Tables n'aura pas toujours le ſuccès qu'on pourroit en attendre; bien différentes des Tables astronomiques dressées pour annoncer le cours des astres, & calculées d'après des principes établis sur l'éternelle & immuable harmonie qui regne dans le mouvement des corps célestes, les nôtres sont nécessairement fondées sur des hypotheses trop souvent démenties par l'expérience. Elles supposent que le Boulet part toujours suivant la direction de l'axe du Canon, & que les Boulets d'un même calibre ont tous le même poids. Or, ces deux suppositions ne sont presque jamais réalisées dans la pratique : il est rare de rencontrer deux Boulets qui aient le même poids; il est plus rare encore que l'angle de départ du Boulet soit le même que l'angle d'inclinaison de la piece; il feroit donc absurde & téméraire de vouloir garantir pour tous les cas l'usage de ces Tables. Mais comme on y suppose aux Boulets & Obus de chaque calibre le poids moyen trouvé par une pesée faite sur un très-grand nombre de ces Projectiles; que d'ailleurs, dans les différentes directions qu'ils prennent en sortant de leurs pieces respectives, ils s'écartent tantôt au dessus tantôt au dessous de l'axe de la piece, & le plus souvent d'une très-petite quantité, il est probable qu'avec le secours de nos Tables le Tir des Bouches à feu doit être plus exact, & approchera plus fréquemment de la précision, que si l'on ne se guidoit que par le hasard ou par le tâtonnement.

Lorsqu'après avoir chargé & pointé une piece de Canon d'après les indications données par les Tables, on voit que le Boulet n'a point atteint le but, qu'il a donné trop haut ou trop bas, il ne faut pas croire qu'en baissant ou élevant la piece on tirera plus juste au coup suivant : chaque coup a ses accidents particuliers, dont l'observation est presque toujours inutile & en pure perte pour un autre coup; il est de fait qu'un mauvais coup de Canon a souvent été suivi d'un autre encore plus mauvais & dans le même sens, malgré les précautions prises pour se rectifier. Il est donc à propos, quoiqu'on ait manqué le but, de ne point changer la maniere de pointer : un autre Boulet pourra corriger l'erreur, ſoit parce qu'il ſera plus ou moins peſant, ſoit parce qu'il partira ſous un angle plus ou moins ouvert. Les cauſes des irrégularités qu'on apperçoit dans le Tir des Bouches à feu, peuvent ſe combiner de maniere que de leur concours il réſulte des effets qui ſe contrarient & ſe compenſent les uns les autres; l'une tendra à faire donner le Boulet au deſſus du but, une autre au deſſous; agiſſant enſemble, le Boulet frappera le but ou ne s'en écartera que très-peu. Ainſi toutes les fois que l'erreur provient d'une cauſe dont on ne puiſſe point diſpoſer à ſon gré, il eſt inutile de vouloir y remédier en changeant la maniere de pointer fixée par les Tables. Si au contraire cette erreur eſt trop grande pour qu'on puiſſe l'attribuer, ſoit à la différence du poids, ſoit à l'angle de départ du Boulet; il y a toute apparence qu'on pourra s'en prendre à la direction même de la piece, & dans ce cas l'on changera cette direction ſelon les circonſtances.

PIECE DE 24.

TABLE des Vîtesses du Boulet de 24, résultantes des charges des différentes especes de Poudres, dont la qualité est indiquée par la portée du Mortier à éprouver les Poudres, chargé de 3 onces.

CHARGES de POUDRE.	Portées du Mortier d'épreuve.						
	to. 90	to. 95	to. 100	to. 105	to. 110	to. 115	to. 120
	Vîtesses initiales du Boulet.						
livres.	pi.	pi.	pi.	pi.	pi.	pi.	pi.
3/4	424	436	447	458	469	480	490
1	488	501	514	527	539	551	563
1 1/2	594	610	626	642	657	671	686
2	687	706	725	742	760	777	794
2 1/2	769	790	810	830	850	869	888
3	840	863	885	907	929	950	970
3 1/2	904	928	952	976	999	1021	1043
4	960	987	1012	1037	1062	1086	1109
5	1061	1090	1118	1146	1173	1199	1225
6	1120	1151	1181	1210	1238	1266	1293
8	1209	1242	1275	1306	1337	1367	1396
10	1252	1286	1319	1352	1384	1415	1445
12	1300	1334	1368	1402	1435	1468	1499

CHARGES de POUDRE.	Portée du Mort. d'épr. to. 125*	to. 130	to. 135	to. 140	LONGUEURS des Charges DANS LE CANON.		
	Vîtesses init. du Boulet.						
livres.	pi.	pi.	pi.	pi.	po.	li.	pts.
3/4	500	510	520	529	0	10	1
1	575	586	598	609	1	1	6
1 1/2	700	714	727	741	1	8	2
2	810	826	842	857	2	2	11
2 1/2	906	924	942	959	2	9	8
3	990	1010	1029	1048	3	4	5
3 1/2	1065	1086	1107	1127	3	11	3
4	1132	1154	1176	1198	4	5	10
5	1250	1275	1300	1323	5	7	3
6	1320	1346	1372	1397	6	8	9
8	1425	1453	1481	1508	8	11	9
10	1475	1504	1533	1561	11	2	7
12	1530	1560	1590	1619	13	5	6

* Les vîtesses de cette colonne ont été trouvées par l'expérience; la poudre qu'on y a employée donnoit, avec le Mortier d'épreuve, une portée de 125 toises. Les vîtesses des autres colonnes en ont été déduites par le calcul.

PIECE DE 24.

TABLE des Vîtesses qui restent au Boulet à différentes distances du Canon.

VITESSES initiales du BOULET	Distances du Canon.					
	to. 50	to. 100	to. 150	to. 200	to. 250	to. 300
	Vîtesses restantes.					
pi.	pi.	pi.	pi.	pi.	pi.	pi.
450	428	408	389	370	352	336
500	476	453	432	411	392	373
550	524	499	475	452	431	410
600	571	544	518	493	470	448
650	619	589	561	535	509	485
700	667	635	604	576	548	522
750	714	680	648	617	587	559
800	762	726	691	658	627	597
850	809	771	734	699	666	634
900	857	816	777	740	705	671
950	905	862	820	781	744	709
1000	952	907	864	822	783	746
1050	1000	952	907	864	822	783
1100	1048	998	950	905	862	821
1150	1095	1043	993	946	901	858
1200	1143	1088	1036	987	940	895
1250	1190	1134	1080	1028	979	932
1300	1238	1179	1123	1069	1018	970
1350	1286	1224	1166	1110	1057	1007
1400	1333	1270	1209	1151	1097	1044
1450	1381	1315	1252	1193	1136	1082
1500	1428	1360	1296	1234	1175	1119
1550	1476	1406	1339	1275	1214	1156
1600	1524	1451	1382	1316	1254	1193

E 2

VITESSES initiales du BOULET	Distances du Canon.					
	to. 350	to. 400	to. 450	to. 500	to. 550	to. 600
	Vitesses restantes.					
pi.	pi.	pi.	pi.	pi.	pi.	pi.
450	320	304	290	276	263	250
500	355	338	322	307	292	278
550	391	372	354	337	321	306
600	426	406	386	368	351	334
650	462	440	419	399	380	362
700	497	474	451	429	409	390
750	533	507	483	460	438	417
800	568	541	515	491	467	445
850	604	575	548	521	497	473
900	639	609	580	552	526	501
950	675	643	612	583	555	529
1000	710	677	644	614	584	556
1050	746	710	676	644	613	584
1100	781	744	709	675	643	612
1150	817	778	741	706	672	640
1200	852	812	773	736	701	668
1250	888	846	805	767	730	696
1300	923	879	838	798	760	723
1350	959	913	870	828	789	751
1400	994	947	902	859	818	779
1450	1030	981	934	890	847	807
1500	1066	1015	966	920	876	835
1550	1101	1049	999	951	906	862
1600	1137	1082	1031	982	935	890

VITESSES initiales du BOULET	Distances du Canon.					
	to. 650	to. 700	to. 750	to. 800		
	Vîtesses restantes.					
pi.	pi.	pi.	pi.	pi.		
450	238	227	216	206		
500	265	252	240	229		
550	291	278	264	252		
600	318	303	288	275		
650	344	328	312	297		
700	371	353	336	320		
750	397	378	360	343		
800	424	404	384	366		
850	450	429	408	389		
900	477	454	432	412		
950	503	479	456	435		
1000	530	505	481	458		
1050	556	530	505	481		
1100	583	555	529	504		
1150	609	580	553	526		
1200	636	606	577	549		
1250	662	631	601	572		
1300	689	656	625	595		
1350	715	681	649	618		
1400	742	706	673	641		
1450	768	732	697	664		
1500	795	757	721	687		
1550	821	782	745	709		
1600	848	807	769	732		

PIECE DE 24.

TABLE des Quantités dont la piece de 24 doit être pointée au dessous du but, relativement aux vîtesses initiales du Boulet, & aux distances de la batterie au but, lorsque ces distances sont moindres que la portée du but en blanc naturel de la piece.

VITESSES initiales.	DISTANCES de la batterie.	QUANTITÉS dont il faut pointer plus bas que le but.		
pieds.	toises.	pi.	po.	li.
450	10	0	6	0
	20	0	11	10
	30	0	10	10
	40	0	2	10
	43	Portée de but en blanc.		
475	10	0	6	4
	20	1	1	2
	30	1	1	11
	40	0	8	3
	48	Portée de but en blanc.		
500	10	0	6	7
	20	1	2	3
	30	1	4	8
	40	0	10	4
	50	0	3	8
	53	Portée de but en blanc.		
525	10	0	6	11
	20	1	3	4
	30	1	7	7
	40	1	5	10
	50	0	10	1
	58	Portée de but en blanc.		

VITESSES initiales.	DISTANCES de la batterie.	QUANTITÉS dont il faut pointer plus bas que le but.
pieds.	toises.	pi. po. li.
550	10	0 . . . 7 . . . 1
	20	1 . . . 4 . . . 2
	30	1 . . . 8 . . . 9
	40	1 . . . 8 . . . 6
	50	1 . . . 3 . . . 7
	60	0 . . . 5 . . 10
	64	Portée de but en blanc.
575	10	0 . . . 7 . . . 4
	20	1 . . . 5 . . . 0
	30	1 . . 10 . . . 5
	40	2 . . . 0 . . . 0
	50	1 . . . 8 . . . 6
	60	1 . . . 0 . . 10
	70	Portée de but en blanc.
600	10	0 . . . 7 . . . 5
	20	1 . . . 5 . . . 8
	30	2 . . . 0 . . . 0
	40	2 . . . 2 . . . 5
	50	2 . . . 0 . . 10
	60	1 . . . 6 . . . 9
	70	0 . . . 9 . . . 0
	76	Portée de but en blanc.
625	20	1 . . . 6 . . . 3
	30	2 . . . 1 . . . 3
	40	2 . . . 4 . . . 8
	50	2 . . . 4 . . . 5
	60	2 . . . 0 . . . 3
	70	1 . . . 4 . . . 4
	80	0 . . . 4 . . . 5
	82	Portée de but en blanc.
650	20	1 . . . 6 . . . 9
	30	2 . . . 2 . . . 5

VITESSES initiales.	DISTANCES de la batterie.	QUANTITÉS dont il faut pointer plus bas que le but.
pieds.	toises.	pi. po. li.
650	40	2 . . . 6 . . 10
	50	2 . . . 7 . . 10
	60	2 . . . 5 . . . 0
	70	1 . . 10 . . . 8
	80	1 . . . 0 . . . 9
	89	Portée de but en blanc.
675	20	1 . . . 7 . . . 3
	30	2 . . . 3 . . . 7
	40	2 . . . 8 . . . 6
	50	2 . . 10 . . . 7
	60	2 . . . 9 . . . 4
	70	2 . . . 4 . . . 8
	80	1 . . . 8 . . . 6
	90	0 . . . 8 . . . 9
	96	Portée de but en blanc.
700	20	1 . . . 7 . . . 7
	30	2 . . . 4 . . . 5
	40	2 . . 10 . . . 4
	50	3 . . . 1 . . . 4
	60	3 . . . 1 . . . 1
	70	2 . . . 9 . . . 3
	80	2 . . . 3 . . . 6
	90	1 . . . 5 . . . 8
	100	0 . . . 1 . . . 0
	103	Portée de but en blanc.
725	20	1 . . . 8 . . . 0
	30	2 . . . 5 . . . 2
	40	2 . . 11 . . . 9
	50	3 . . . 3 . . 10
	60	3 . . . 4 . . . 7
	70	3 . . . 2 . . . 6
	80	2 . . . 9 . . 10
	90	2 . . . 1 . . 11

VITESSES initiales.	DISTANCES de la batterie.	QUANTITÉS dont il faut pointer plus bas que le but.		
pieds.	toiſes.	pi.	po.	li.
725	100	1	2	8
	110	Portée de but en blanc.		
750	20	1	8	3
	30	2	5	10
	40	3	1	3
	50	3	5	10
	60	3	7	8
	70	3	6	10
	80	3	3	2
	90	2	9	0
	100	1	11	3
	110	0	10	10
	117	Portée de but en blanc.		
775	30	2	6	9
	40	3	2	5
	50	3	7	10
	60	3	10	8
	70	3	10	8
	80	3	8	6
	90	3	3	9
	100	2	7	7
	110	1	9	0
	120	0	7	4
	124	Portée de but en blanc.		
800	30	2	7	5
	40	3	3	4
	50	3	9	7
	60	4	1	3
	70	4	2	2
	80	4	1	5
	90	3	9	2
	100	3	3	2
	110	2	6	3

VITESSES initiales.	DISTANCES de la batterie.	QUANTITÉS dont il faut pointer plus bas que le but.		
pieds.	toises.	pi.	po.	li.
800	120	1	6	4
	130	0	4	0
	132	Portée de but en blanc.		
825	30	2	7	10
	40	3	4	5
	50	3	11	2
	60	4	3	4
	70	4	5	6
	80	4	5	5
	90	4	2	8
	100	3	10	0
	110	3	2	5
	120	2	4	0
	130	1	4	0
	140	Portée de but en blanc.		
850	30	2	8	3
	40	3	5	5
	50	4	0	8
	60	4	5	9
	80	4	9	3
	100	4	4	2
	110	3	9	10
	120	3	0	9
	130	2	2	3
	140	0	0	10
	148	Portée de but en blanc.		
875	40	3	6	4
	60	4	7	4
	80	5	0	9
	100	4	9	7
	110	4	4	7
	120	3	9	6
	130	2	11	9

VITESSES initiales.	DISTANCES de la batterie.	QUANTITÉS dont il faut pointer plus bas que le but.
pieds.	toises.	pi. . . po. . . li.
875	140	1 . . 11 . . . 5
	150	0 . . . 8 . . . 1
	156	Portée de but en blanc.
900	40	3 . . . 7 . . . 1
	60	4 . . . 9 . . . 3
	80	5 . . . 3 . . . 7
	100	5 . . . 2 . . . 5
	120	4 . . . 4 . . 11
	140	2 . . 10 . . . 4
	160	0 . . . 6 . . 10
	164	Portée de but en blanc.
925	40	3 . . . 7 . . 10
	60	4 . . 10 . . 10
	80	5 . . . 6 . . . 7
	100	5 . . . 7 . . . 2
	120	4 . . 11 . . . 6
	140	3 . . . 7 . . . 8
	160	1 . . . 7 . . . 7
	170	0 . . . 4 . . . 2
	172	Portée de but en blanc.
950	40	3 . . . 8 . . . 6
	60	5 . . . 0 . . . 3
	80	5 . . . 9 . . . 6
	100	5 . . 11 . . . 8
	120	5 . . . 6 . . . 1
	140	4 . . . 4 . . . 8
	160	2 . . . 7 . . . 4
	180	0 . . . 1 . . . 1
	181	Portée de but en blanc.
975	40	3 . . . 9 . . . 0
	60	5 . . . 1 . . . 8
	80	6 . . . 0 . . . 0

VITESSES initiales.	DISTANCES de la batterie.	QUANTITÉS dont il faut pointer plus bas que le but.
pieds.	toises.	pi. po. li.
975	100	6 . . . 3 . . . 6
	120	6 . . . 0 . . . 0
	140	5 . . . 0 . . 10
	160	3 . . . 6 . . . 1
	180	1 . . . 3 . . . 6
	189	Portée de but en blanc.
1000	40	3 . . . 9 . . . 6
	60	5 . . . 3 . . . 1
	80	6 . . . 2 . . . 5
	100	6 . . . 6 . . 11
	120	6 . . . 5 . . . 5
	140	5 . . . 8 . . . 6
	160	4 . . . 4 . . . 0
	180	2 . . . 4 . . . 8
	198	Portée de but en blanc.
1050	40	3 . . 10 . . 10
	60	5 . . . 5 . . . 5
	80	6 . . . 6 . . . 4
	100	7 . . . 1 . . . 8
	120	7 . . . 3 . . . 4
	140	6 . . 10 . . . 4
	160	5 . . 10 . . . 7
	180	4 . . . 3 . . 10
	200	2 . . . 1 . . . 8
	215	Portée de but en blanc.
1100	40	3 . . 11 . . . 6
	60	5 . . . 7 . . . 2
	80	6 . . 10 . . . 4
	100	7 . . . 7 . . 10
	120	7 . . 11 . . . 6
	140	7 . . . 9 . . . 4
	160	7 . . . 1 . . . 2
	180	5 . . 11 . . . 8

VITESSES initiales.	DISTANCES de la batterie.	QUANTITÉS dont il faut pointer plus bas que le but.
pieds.	toises.	pi. po. li.
	200	4 . . . 2 . . . 2
1100	220	1 . . 10 . . 11
	233	Portée de but en blanc.
	40	4 . . . 0 . . . 3
	60	5 . . . 9 . . . 0
	80	7 . . . 1 . . . 2
	100	8 . . . 0 . . . 9
	120	8 . . . 6 . . 10
	140	8 . . . 7 . . . 8
1150	160	8 . . . 3 . . . 0
	180	7 . . . 5 . . . 3
	200	6 . . . 0 . . . 3
	220	4 . . . 0 . . . 6
	240	1 . . . 8 . . . 6
	252	Portée de but en blanc.
	40	4 . . . 0 . . 11
	60	5 . . 10 . . . 8
	80	7 . . . 4 . . . 2
	100	8 . . . 5 . . . 0
	120	9 . . . 1 . . . 5
	140	9 . . . 5 . . . 2
1200	160	9 . . . 3 . . . 7
	180	8 . . . 8 . . . 8
	200	7 . . . 7 . . 10
	220	6 . . . 0 . . . 9
	240	4 . . . 0 . . . 6
	260	1 . . . 7 . . . 1
	271	Portée de but en blanc.
	40	4 . . . 1 . . . 5
	60	6 . . . 0 . . . 0
1250	80	7 . . . 6 . . . 7
	100	8 . . . 9 . . . 3
	120	9 . . . 7 . . . 4

VITESSES initiales.	DISTANCES de la batterie.	QUANTITÉS dont il faut pointer plus bas que le but.		
pieds.	toises.	pi.	po.	li.
1250	140	10	0	7
	160	10	1	11
	180	9	9	10
	200	9	0	10
	220	7	10	4
	240	6	2	10
	260	4	0	6
	280	1	5	2
	290	Portée de but en blanc.		
1300	40	4	1	11
	60	6	1	1
	80	7	8	6
	100	9	0	4
	120	10	0	6
	140	10	7	8
	160	10	11	3
	180	10	9	11
	200	10	3	7
	220	9	5	2
	240	8	0	11
	260	6	2	9
	280	4	0	0
	300	1	4	7
	309	Portée de but en blanc.		
1350	40	5	2	5
	60	6	7	2
	80	7	10	7
	100	9	3	4
	120	10	4	11
	140	11	1	11
	160	11	7	1
	180	11	8	0
	260	11	5	2

VITESSES initiales.	DISTANCES de la batterie.	QUANTITÉS dont il faut pointer plus bas que le but.
pieds.	toises.	pi. po. li.
1350	220	10 . . . 9 . . . 3
	240	9 . . . 8 . . . 2
	260	8 . . . 2 . . . 8
	280	6 . . . 5 . . . 2
	300	4 . . . 1 . . . 7
	320	1 . . . 5 . . . 8
	329	Portée de but en blanc.
1400	40	4 . . . 2 . . 10
	60	6 . . . 3 . . . 3
	80	8 . . . 0 . . . 6
	100	9 . . . 6 . . . 2
	120	10 . . . 8 . . . 6
	140	11 . . . 7 . . . 8
	160	12 . . . 2 . . 10
	180	12 . . . 5 . . 10
	200	12 . . . 5 . . . 5
	220	12 . . . 0 . . . 0
	240	11 . . . 1 . . . 8
	260	10 . . . 0 . . 11
	280	8 . . . 5 . . . 2
	300	6 . . . 6 . . 11
	320	4 . . . 0 . . 11
	340	1 . . . 4 . . . 7
	349	Portée de but en blanc.
1450	40	4 . . . 3 . . . 4
	60	6 . . . 4 . . . 1
	80	8 . . . 1 . . 11
	100	9 . . . 8 . . 11
	140	12 . . . 0 . . 10
	180	13 . . . 2 . . . 8
	200	13 . . . 4 . . . 4
	220	13 . . . 1 . . . 7
	260	11 . . . 8 . . . 1

VITESSES initiales.	DISTANCES de la batterie.	QUANTITÉS dont il faut pointer plus bas que le but.
pieds.	toises.	pi. po. li.
1450	300	8 . . . 8 . . . 8
	340	4 . . . 1 . . 11
	360	1 . . . 3 . . . 6
	369	Portée de but en blanc.
1500	40	4 . . . 3 . . . 9
	60	6 . . . 4 . . 10
	80	8 . . . 3 . . . 4
	100	9 . . 11 . . . 3
	140	12 . . . 5 . . . 2
	180	13 . . 10 . . . 4
	200	14 . . . 2 . . . 2
	220	14 . . . 1 . . . 8
	260	13 . . . 0 . . . 0
	300	10 . . . 8 . . . 6
	340	6 . . . 9 . . . 1
	380	1 . . . 4 . . . 4
	389	Portée de but en blanc.
1550	40	4 . . . 3 . . 11
	60	6 . . . 5 . . . 6
	80	8 . . . 4 . . . 8
	100	10 . . . 1 . . . 3
	140	12 . . . 9 . . . 4
	180	14 . . . 5 . . . 0
	200	14 . . 10 . . 10
	220	15 . . . 0 . . 10
	260	14 . . . 3 . . 10
	300	12 . . . 4 . . . 8
	340	9 . . . 2 . . . 3
	380	4 . . . 5 . . . 6
	400	1 . . . 7 . . . 7
	410	Portée de but en blanc.
1600	40	4 . . . 4 . . . 2
	60	6 . . . 6 . . . 3

VITESSES initiales.	DISTANCES de la batterie.	QUANTITÉS dont il faut pointer plus bas que le but.		
pieds.	toises.	pi.	po.	li.
	80	8	5	10
	100	10	3	0
	140	13	0	10
	180	14	11	8
	200	15	6	1
	220	15	9	10
1600	260	15	6	3
	300	13	11	1
	340	11	3	3
	380	7	2	0
	400	4	8	3
	420	1	8	6
	430	Portée de but en blanc.		

PIECE DE 24.

TABLE des Hausses à employer pour se procurer un but en blanc artificiel, relatif aux vîtesses initiales du Boulet, & aux distances de la Batterie au but, lorsque ces distances sont plus grandes que le but en blanc naturel de la piece.

Distanc. de la batterie.	Vîtesses initiales du Boulet.			
	450 pi.	475 pi.	500 pi.	525 pi.
	Hausses.	*Hausses.*	*Hausses.*	*Hausses.*
toises.	po. li.	po. li.	po. li.	po. li.
43	0 0	....	....	....
48	....	0 0	....	....
50	0 5	0 2	....	....
53	....	....	0 0	....
58	....	....	....	0 0
60	0 11	0 7	0 4	0 1
70	1 6	1 1	0 9	0 6
80	2 1	1 8	1 3	0 11
90	2 8	2 2	1 9	1 4
100	3 4	2 9	2 3	1 9
110	3 11	3 3	2 9	2 3
120	4 7	3 10	3 3	2 8

Distanc. de la batterie.	Vîtesses initiales du Boulet.							
	450 pi.		475 pi.		500 pi.		525 pi.	
	Hausses.		*Hausses.*		*Hausses.*		*Hausses.*	
toises.	po.	li.	po.	li.	po.	li.	po.	li.
130	5	3	4	5	3	9	3	2
140	5	11	5	1	4	4	3	8
150	6	7	5	8	4	10	4	2
160	7	4	6	3	5	5	4	8
170	7	11	6	10	6	0	5	2
180	8	7	7	6	6	6	5	8
190	9	4	8	1	7	1	6	2
200	10	0	8	9	7	8	6	9
210	10	9	9	5	8	3	7	3
220	11	7	10	1	8	11	7	10
230	....		10	10	9	6	8	4
240	....		11	7	10	2	8	11
250	....		....		10	9	9	6
260	....		....		11	4	10	1
270	....		....		12	0	10	8
280	....		....		....		11	3
290	....		....		....		11	10

Distances de la batterie.	Vîtesses initiales du Boulet.				
	550 pi.	575 pi.	600 pi.	625 pi.	650 pi.
	Hausses.	*Hausses.*	*Hausses.*	*Hausses.*	*Hausses.*
toises.	po. li.	po. li.	po. li.	po. li.	po. li.
64	0 0	......	......	......	......
70	0 3	0 0	......	......	......
76	......	......	0 0	......	......
80	0 8	0 4	0 1	......	......
82	......	......	......	0 0	......
89	......	......	......	......	0 0
90	1 0	0 9	0 5	0 2	0 1
100	1 5	1 1	0 9	0 6	0 4
110	1 10	1 6	1 2	0 10	0 7
120	2 3	1 10	1 6	1 2	0 11
130	2 8	2 3	1 10	1 6	1 2
140	3 2	2 8	2 3	1 10	1 6
150	3 7	3 1	2 7	2 2	1 10
160	4 0	3 6	2 11	2 6	2 2
170	4 6	3 11	3 4	2 11	2 6
180	5 0	4 4	3 9	3 3	2 10
190	5 5	4 9	4 2	3 7	3 2
200	5 11	5 2	4 7	4 0	3 6
210	6 5	5 8	5 0	4 5	3 10
220	6 11	6 1	5 5	4 10	4 2
230	7 5	6 6	5 10	5 2	4 7
240	7 11	7 0	6 3	5 7	5 0
250	8 5	7 6	6 8	6 0	5 4

Distances de la batterie.	Vîtesses initiales du Boulet.									
	550 pi.		575 pi.		600 pi.		625 pi.		650 pi.	
	Hausses.		*Hausses.*		*Hausses.*		*Hausses.*		*Hausses.*	
toises.	po.	li.	po.	li.	po.	li.	po.	li.	po.	li.
260	8	11	8	0	7	1	6	5	5	8
270	9	6	8	6	7	7	6	10	6	1
280	10	0	9	0	8	0	7	3	6	6
290	10	7	9	6	8	6	7	8	6	11
300	11	2	10	0	9	0	8	1	7	4
310	11	9	10	6	9	5	8	6	7	9
320	....		11	0	9	11	8	11	8	1
330	....		11	6	10	5	9	5	8	6
340	....		....		10	11	9	10	8	11
350	....		....		11	5	10	4	9	4
360	....		....		11	11	10	9	9	9
370	....		....		....		11	2	10	2
380	....		....		....		11	8	10	7
390	....		....		....		....		11	1
400	....		....		....		....		11	6

Distances de la batterie.	Vîteſſes initiales du Boulet.				
	675 pi.	700 pi.	725 pi.	750 pi.	775 pi.
	Hauſſes.	*Hauſſes.*	*Hauſſes.*	*Hauſſes.*	*Hauſſes.*
toiſes.	po. li.	po. li.	po. li.	po. li.	po. li.
96	0 0	......	......	......	......
100	0 1	......	......	......	......
103	......	0 0	......	......	......
110	0 4	0 2	0 0	......	......
117	......	......	......	0 0	......
120	0 8	0 5	0 3	0 1	......
124	......	......	......	......	0 0
130	1 0	0 8	0 6	0 4	0 1
140	1 3	0 11	0 9	0 7	0 4
150	1 7	1 3	1 0	0 10	0 7
160	1 10	1 7	1 3	1 0	0 10
170	2 2	1 10	1 6	1 4	1 1
180	2 6	2 1	1 10	1 6	1 3
190	2 9	2 5	2 1	1 9	1 6
200	3 1	2 9	2 4	2 0	1 9
210	3 5	3 0	2 7	2 4	2 0
220	3 9	3 4	2 11	2 7	2 3
230	4 1	3 8	3 2	2 10	2 6
240	4 5	3 11	3 6	3 1	2 10
250	4 10	4 3	3 10	3 4	3 1
260	5 2	4 7	4 1	3 8	3 4
270	5 6	4 11	4 5	4 0	3 8
280	5 10	5 3	4 9	4 3	3 11

Distances de la batterie.	Vîtesses initiales du Boulet.				
	675 pi.	700 pi.	725 pi.	750 pi.	775 pi.
	Hausses.	*Hausses.*	*Hausses.*	*Hausses.*	*Hausses.*
toises.	po. li.	po. li.	po. li.	po. li.	po. li.
290	6 2	5 7	5 0	4 6	4 1
300	6 7	5 11	5 4	4 10	4 4
310	6 11	6 3	5 8	5 2	4 8
320	7 4	6 7	6 0	5 5	4 11
330	7 8	7 0	6 4	5 9	5 2
340	8 1	7 4	6 8	6 1	5 6
350	8 6	7 9	7 0	6 5	5 10
360	8 10	8 1	7 4	6 9	6 2
370	9 3	8 5	7 8	7 0	6 5
380	9 8	8 10	8 1	7 4	6 9
390	10 1	9 2	8 5	7 8	7 1
400	10 6	9 7	8 9	8 0	7 4
410	10 11	9 11	9 1	8 4	7 8
420	11 4	10 4	9 5	8 8	8 0
430	11 9	10 9	9 10	9 0	8 4
440	....	11 2	10 2	9 5	8 7
450	....	11 7	10 7	9 9	8 11
460	....	....	11 0	10 1	9 3
470	....	....	11 5	10 5	9 7
480	....	....	11 10	10 10	9 11
490	....	....	....	11 2	10 3
500	....	....	....	11 6	10 8

Distances de la batterie.	Vîtesses initiales du Boulet.				
	800 pi.	825 pi.	850 pi.	875 pi.	900 pi.
	Hausses.	*Hausses.*	*Hausses.*	*Hausses.*	*Hausses.*
toises.	po. li.	po. li.	po. li.	po. li.	po. li.
132	0 0	....	....	....	....
140	0 2	0 0	....	....	....
148	....	....	0 0	....	....
150	0 5	0 2	0 1	....	....
156	....	....	....	0 0	....
160	0 7	0 5	0 3	0 1	....
164	....	....	....	....	0 0
170	0 10	0 7	0 5	0 3	0 1
180	1 1	0 10	0 7	0 5	0 3
190	1 3	1 0	0 10	0 7	0 5
200	1 6	1 2	1 0	0 9	0 7
210	1 9	1 5	1 2	1 0	0 9
220	1 11	1 8	1 5	1 2	1 0
230	2 2	1 11	1 8	1 5	1 2
240	2 5	2 1	1 10	1 7	1 4
250	2 8	2 4	2 1	1 10	1 7
260	2 11	2 7	2 4	2 0	1 9
270	3 2	2 10	2 6	2 2	1 11
280	3 5	3 1	2 9	2 5	2 1
290	3 8	3 4	3 0	2 8	2 4
300	3 11	3 7	3 2	2 11	2 7
310	4 2	3 10	3 5	3 1	2 10
320	4 6	4 1	3 8	3 4	3 0

Distances de la batterie.	Vîtesses initiales du Boulet.									
	800 pi.		825 pi.		850 pi.		875 pi.		900 pi.	
	Hausses.		*Hausses.*		*Hausses.*		*Hausses.*		*Hausses.*	
toises.	po.	li.	po.	li.	po.	li.	po.	li.	po.	li.
330	4	9	4	4	3	11	3	7	3	2
340	5	0	4	7	4	1	3	9	3	5
350	5	3	4	10	4	4	4	0	3	8
360	5	7	5	1	4	8	4	3	3	11
370	5	10	5	4	4	11	4	6	4	1
380	6	1	5	7	5	1	4	9	4	4
390	6	5	5	11	5	5	5	0	4	7
400	6	9	6	2	5	8	5	2	4	10
410	7	0	6	5	5	11	5	5	5	0
420	7	4	6	9	6	2	5	8	5	3
430	7	7	7	0	6	6	5	11	5	6
440	7	11	7	4	6	9	6	2	5	9
450	8	3	7	7	7	0	6	6	6	0
460	8	6	7	11	7	3	6	9	6	3
470	8	10	8	2	7	7	7	0	6	6
480	9	2	8	6	7	11	7	3	6	9
490	9	6	8	9	8	2	7	6	7	0
500	9	10	9	1	8	5	7	10	7	3

Distances de la batterie.	Vîtesses initiales du Boulet.				
	925 pi.	950 pi.	975 pi.	1000 pi.	1050 pi.
	Hausses.	*Hausses.*	*Hausses.*	*Hausses.*	*Hausses.*
toises.	po. li.	po. li.	po. li.	po. li.	po. li.
172	0 0	....	....	....	....
180	0 1	....	....	....	....
181	....	0 0	....	....	....
189	....	....	0 0	....	....
190	0 4	0 2	0 1	....	....
198	....	....	....	0 0	....
200	0 6	0 4	0 2	0 1	....
210	0 8	0 6	0 4	0 2	....
215	....	....	....	....	0 0
220	0 10	0 8	0 6	0 4	0 1
230	1 0	0 10	0 8	0 6	0 2
240	1 2	1 0	0 10	0 8	0 4
250	1 4	1 1	0 11	0 10	0 6
260	1 6	1 3	1 1	0 11	0 7
270	1 9	1 6	1 3	1 1	0 9
280	1 11	1 8	1 5	1 3	0 11
290	2 1	1 10	1 7	1 5	1 1
300	2 3	2 0	1 9	1 7	1 2
310	2 6	2 3	2 0	1 9	1 4
320	2 8	2 5	2 2	1 11	1 6
330	2 11	2 7	2 4	2 1	1 8
340	3 1	2 9	2 6	2 3	1 10
350	3 3	3 0	2 9	2 5	2 0

Distances de la batterie.	Vîtesses initiales du Boulet.									
	925 pi.		950 pi.		975 pi.		1000 pi.		1050 pi.	
	Hausses.		*Hausses.*		*Hausses.*		*Hausses.*		*Hausses.*	
toises.	po.	li.	po.	li.	po.	li.	po.	li.	po.	li.
360	3	6	3	2	2	11	2	8	2	2
370	3	9	3	5	3	1	2	10	2	4
380	3	11	3	7	3	4	3	0	2	6
390	4	2	3	10	3	6	3	2	2	8
400	4	5	4	0	3	8	3	5	2	10
410	4	7	4	3	3	11	3	7	3	0
420	4	10	4	5	4	1	3	9	3	2
430	5	1	4	8	4	4	3	11	3	4
440	5	3	4	11	4	6	4	1	3	6
450	5	6	5	1	4	9	4	4	3	8
460	5	9	5	4	4	11	4	7	3	11
470	6	0	5	7	5	1	4	9	4	1
480	6	3	5	9	5	4	5	0	4	3
490	6	6	6	0	5	7	5	2	4	5
500	6	9	6	3	5	10	5	5	4	8

Distances de la batterie.	Vîtesses initiales du Boulet.				
	1100 pi.	1150 pi.	1200 pi.	1250 pi.	1300 pi.
	Hausses.	*Hausses.*	*Hausses.*	*Hausses.*	*Hausses.*
toises.	po. li.	po. li.	po. li.	po. li.	po. li.
233	0 0	....	....	....	....
240	0 1	....	....	....	....
250	0 2	....	....	....	....
252	....	0 0	....	....	....
260	0 4	0 1	....	....	....
270	0 6	0 2	....	....	....
271	....	....	0 0	....	....
280	0 7	0 4	0 1	....	....
290	0 9	0 6	0 2	0 0	....
300	0 11	0 7	0 4	0 1	....
309	....	....	....	....	0 0
310	1 1	0 9	0 5	0 2	0 1
320	1 2	0 10	0 7	0 4	0 1
330	1 3	1 0	0 8	0 5	0 2
340	1 5	1 1	0 10	0 7	0 4
350	1 7	1 3	0 11	0 8	0 5
360	1 9	1 5	1 1	0 9	0 6
370	1 11	1 6	1 2	0 11	0 7
380	2 0	1 8	1 4	1 0	0 9
390	2 2	1 10	1 5	1 1	0 10
400	2 4	1 11	1 7	1 3	0 11
410	2 6	2 1	1 8	1 5	1 1
420	2 8	2 2	1 10	1 6	1 2
430	2 10	2 4	2 0	1 7	1 3
440	3 0	2 6	2 1	1 9	1 5
450	3 2	2 8	2 3	1 10	1 6
460	3 4	2 10	2 5	2 0	1 8
470	3 6	3 0	2 6	2 1	1 9
480	3 8	3 1	2 8	2 3	1 11
490	3 10	3 3	2 10	2 4	2 0
500	4 0	3 5	2 11	2 6	2 1

Distances de la batterie.	Vîtesses initiales du Boulet.				
	1350 pi.	1400 pi.	1450 pi.	1500 pi.	1550 pi.
	Hausses.	Hausses.	Hausses.	Hausses.	Hausses.
toises.	po. li.	po. li.	po. li.	po. li.	po. li.
329	0 0	....	....	....	....
330	0 1	....	....	....	....
340	0 1	....	....	....	....
349	....	0 0	....	....	....
350	0 2	0 1	....	....	....
360	0 3	0 1	....	....	....
369	....	....	0 0	....	....
370	0 5	0 2	0 1	....	....
380	0 6	0 3	0 1	....	....
389	....	....	....	0 0	....
390	0 7	0 4	0 2	0 1	....
400	0 8	0 6	0 3	0 1	....
410	0 10	0 7	0 4	0 2	0 0
420	0 11	0 8	0 5	0 3	0 1
430	1 0	0 9	0 6	0 4	0 1
440	1 1	0 10	0 8	0 5	0 1
450	1 3	0 11	0 9	0 6	0 3
460	1 4	1 1	0 10	0 7	0 5
470	1 5	1 2	0 11	0 8	0 6
480	1 7	1 3	1 0	0 9	0 7
490	1 8	1 5	1 1	0 11	0 8
500	1 10	1 6	1 2	1 0	0 9
550	2 4	2 0	1 9	1 5	1 2
600	3 0	2 7	2 3	1 11	1 8
650	3 8	3 3	2 10	2 6	2 2
700	4 4	3 10	3 5	3 0	2 8
750	5 0	4 6	4 0	3 7	3 2
800	5 9	5 2	4 8	4 2	3 9

PIECE DE 16.

TABLE des Vîtesses du Boulet de 16, résultantes des charges des différentes especes de Poudres, dont la qualité est indiquée par la portée du Mortier à éprouver les Poudres, chargé de 3 onces.

CHARGES de POUDRE.	Portées du Mortier d'épreuve.						
	to. 90	to. 95	to. 100	to. 105	to. 110	to. 115	to. 120
	Vîtesses initiales du Boulet.						
livres.	pi.	pi.	pi.	pi.	pi.	pi.	pi.
$\frac{1}{2}$	424	436	447	458	469	480	490
$\frac{3}{4}$	519	534	547	561	574	587	600
1	597	614	630	645	660	675	690
1 $\frac{1}{2}$	727	747	767	780	804	822	840
2	842	865	887	909	931	951	972
2 $\frac{1}{2}$	942	968	993	1017	1041	1065	1088
3	1035	1064	1091	1118	1144	1170	1195
3 $\frac{1}{2}$	1112	1142	1172	1201	1229	1256	1284
4	1165	1197	1228	1259	1288	1317	1345
5	1201	1234	1266	1297	1327	1357	1386
6	1226	1260	1292	1324	1356	1386	1416
8	1281	1316	1351	1384	1416	1448	1479

CHARGES de POUDRE.	Portée du Mort. d'épr.				LONGUEURS des Charges DANS LE CANON.		
	to. 125*	to. 130	to. 135	to. 140			
	Vîtesses init. du Boulet.						
livres.	pi.	pi.	pi.	pi.	po.	li.	pts.
½	500	510	520	529	0	8	9
¾	612	624	636	648	1	1	1
1	704	718	732	745	1	5	6
1 ½	857	874	891	907	2	2	3
2	992	1012	1031	1050	2	11	0
2 ½	1110	1132	1154	1175	3	7	9
3	1220	1244	1268	1291	4	4	6
3 ½	1310	1336	1361	1386	5	1	3
4	1370	1400	1427	1453	5	10	0
5	1415	1443	1470	1497	7	3	6
6	1445	1474	1502	1529	8	9	0
8	1510	1540	1569	1598	11	8	0

* Les vîtesses de cette colonne ont été trouvées par l'expérience; la poudre qu'on y a employée donnoit, avec le Mortier d'épreuve, une portée de 125 toises. Les vîtesses des autres colonnes en ont été déduites par le calcul.

PIECE DE 16.

Table des Vîteſſes qui reſtent au Boulet à différentes diſtances du Canon.

VITESSES initiales du BOULET	Diſtances du Canon.					
	to. 50	to. 100	to. 150	to. 200	to. 250	to. 300
	Vîteſſes reſtantes.					
pi.	pi.	pi.	pi.	pi.	pi.	pi.
500	473	447	423	400	378	358
550	520	492	465	440	416	393
600	567	537	507	480	454	429
650	615	581	550	520	492	465
700	662	626	592	560	529	501
750	709	671	634	600	567	537
800	756	715	677	640	605	572
850	804	760	719	680	643	608
900	851	805	761	720	681	644
950	898	850	803	760	719	680
1000	946	894	846	800	756	715
1050	993	939	888	840	794	751
1100	1040	984	930	880	832	787
1150	1088	1029	973	920	870	823
1200	1135	1073	1015	960	908	858
1250	1182	1118	1057	1000	946	894
1300	1229	1163	1100	1040	983	930
1350	1277	1207	1142	1080	1021	966
1400	1324	1252	1184	1120	1059	1001
1450	1371	1297	1226	1160	1097	1037
1500	1419	1342	1269	1200	1135	1073
1550	1466	1386	1311	1240	1172	1109
1600	1513	1431	1353	1280	1210	1145

VITESSES initiales du BOULET	Distances du Canon.					
	to. 350	to. 400	to. 450	to. 500	to. 550	to. 600
	Vitesses restantes.					
pi.	pi.	pi.	pi.	pi.	pi.	pi.
500	338	320	303	286	271	256
550	372	352	333	315	298	281
600	406	384	363	343	325	307
650	440	416	393	372	352	333
700	474	448	424	401	379	358
750	507	480	454	429	406	384
800	541	512	484	458	433	409
850	575	544	514	486	460	445
900	609	576	545	515	487	461
950	643	608	575	544	514	486
1000	677	640	605	572	541	512
1050	710	672	635	601	568	537
1100	744	704	666	629	595	563
1150	778	736	696	658	622	588
1200	812	768	726	687	649	614
1250	846	800	756	715	676	640
1300	879	832	787	744	703	665
1350	913	864	817	772	730	691
1400	947	896	847	801	758	716
1450	981	928	877	830	785	742
1500	1015	960	908	858	812	768
1550	1049	992	938	887	839	793
1600	1082	1024	968	915	866	819

VITESSES initiales du BOULET	Distances du Canon.					
	to. 650	to. 700	to. 750	to. 800		
	Vitesses restantes.					
pi.	pi.	pi.	pi.	pi.		
500	242	229	216	205		
550	266	252	238	225		
600	290	275	260	246		
650	315	297	281	266		
700	339	320	303	287		
750	363	343	325	307		
800	387	366	346	327		
850	411	389	368	348		
900	436	412	390	368		
950	460	435	411	389		
1000	484	458	433	409		
1050	508	481	454	430		
1100	532	503	476	450		
1150	557	526	498	471		
1200	581	549	519	491		
1250	605	572	541	512		
1300	629	595	563	532		
1350	653	618	584	553		
1400	678	641	606	573		
1450	702	664	628	594		
1500	726	687	649	614		
1550	750	709	671	634		
1600	774	732	693	655		

PIECE DE 16.

TABLE des Quantités dont la piece de 16 doit être pointée au dessous du but, relativement aux vîtesses initiales du Boulet, & aux distances de la batterie au but, lorsque ces distances sont moindres que la portée du but en blanc naturel de la piece.

VITESSES initiales.	DISTANCES de la batterie.	QUANTITÉS dont il faut pointer plus bas que le but.
pieds.	toises.	pi. po. li.
450	10	0 . . . 4 . . . 6
	20	0 . . . 9 . . 10
	30	0 . . . 7 . . . 4
	38	Portée de but en blanc.
475	10	0 . . . 5 . . . 9
	20	0 . . 11 . . . 2
	30	0 . . 10 . . . 5
	40	0 . . . 3 . . . 4
	43	Portée de but en blanc.
500	10	0 . . . 6 . . . 0
	20	1 . . . 0 . . . 4
	30	1 . . . 0 . . 11
	40	0 . . . 8 . . . 0
	48	Portée de but en blanc.
525	10	0 . . . 6 . . . 3
	20	1 . . . 1 . . . 4
	30	1 . . . 3 . . . 3
	40	1 . . . 0 . . . 0
	50	0 . . . 3 . . . 6
	53	Portée de but en blanc.
550	10	0 . . . 6 . . . 6
	20	1 . . . 2 . . . 2

VITESSES initiales.	DISTANCES de la batterie.	QUANTITÉS dont il faut pointer plus bas que le but.
pieds.	toises.	pi. po. li.
550	30	1 . . . 5 . . . 2
	40	1 . . . 3 . . . 6
	50	0 . . . 7 . . . 1
	58	Portée de but en blanc.
575	10	1 . . . 6 . . . 9
	20	1 . . . 2 . . 11
	30	1 . . . 6 . . 10
	40	1 . . . 6 . . . 7
	60	0 . . . 4 . . . 7
	63	Portée de but en blanc.
600	10	0 . . . 6 . . 11
	20	1 . . . 3 . . . 6
	30	1 . . . 8 . . . 5
	40	1 . . . 9 . . . 4
	60	0 . . 10 . . . 3
	69	Portée de but en blanc.
625	10	0 . . . 7 . . . 0
	20	1 . . . 4 . . . 1
	30	1 . . . 9 . . . 9
	40	1 . . 11 . . . 8
	60	1 . . . 4 . . . 1
	75	Portée de but en blanc.
650	10	0 . . . 7 . . . 1
	20	1 . . . 4 . . . 8
	30	1 . . 10 . . 11
	40	2 . . . 1 . . . 8
	60	1 . . . 9 . . . 0
	80	0 . . . 1 . . . 1
	81	Portée de but en blanc.
675	10	0 . . . 7 . . . 3
	20	1 . . . 5 . . . 2

VITESSES initiales.	DISTANCES de la batterie.	QUANTITÉS dont il faut pointer plus bas que le but.
pieds.	toises.	pi. po. li.
675	30	2 . . . 0 . . . 0
	40	2 . . . 3 . . . 7
	60	2 . . . 1 . . . 2
	80	0 . . . 9 . . . 1
	87	Portée de but en blanc.
700	10	0 . . . 7 . . . 4
	20	1 . . . 5 . . . 3
	30	2 . . . 0 . . 11
	40	2 . . . 5 . . . 3
	60	2 . . . 5 . . . 0
	80	1 . . . 4 . . . 4
	93	Portée de but en blanc.
725	10	0 . . . 7 . . . 5
	20	1 . . . 5 . . 10
	30	2 . . . 1 . . 10
	40	2 . . . 6 . . 10
	60	2 . . . 8 . . . 5
	80	1 . . 10 . . . 5
	99	Portée de but en blanc.
750	20	1 . . . 6 . . . 3
	30	2 . . . 2 . . . 6
	40	2 . . . 8 . . . 3
	60	2 . . 11 . . . 8
	80	2 . . . 4 . . . 1
	100	0 . . . 8 . . . 3
	106	Portée de but en blanc.
775	20	1 . . . 6 . . . 7
	30	2 . . . 3 . . . 1
	40	2 . . . 9 . . . 6
	60	3 . . . 2 . . . 6
	80	2 . . . 9 . . . 1
	100	1 . . . 4 . . . 7

VITESSES initiales.	DISTANCES de la batterie.	QUANTITÉS dont il faut pointer plus bas que le but.
pieds.	toises.	pi. po. li.
775	113	Portée de but en blanc.
800	30	2 . . . 3 . . 10
	40	2 . . 10 . . . 7
	60	3 . . . 5 . . . 3
	80	3 . . . 1 . . . 8
	100	2 . . . 0 . . . 1
	110	1 . . . 1 . . . 4
	120	Portée de but en blanc.
825	30	2 . . . 4 . . . 5
	40	2 . . 11 . . . 6
	60	3 . . . 7 . . . 7
	80	3 . . . 6 . . . 0
	100	2 . . . 6 . . 11
	120	0 . . . 9 . . . 1
	127	Portée de but en blanc.
850	30	2 . . . 4 . . 11
	40	3 . . . 0 . . . 5
	60	3 . . . 9 . . . 6
	80	3 . . . 9 . . 11
	100	3 . . . 1 . . . 1
	120	1 . . . 6 . . . 4
	130	0 . . . 5 . . . 9
	134	Portée de but en blanc.
875	30	2 . . . 5 . . . 5
	40	3 . . . 1 . . . 2
	60	3 . . 11 . . . 3
	80	4 . . . 1 . . . 7
	100	3 . . . 6 . . 11
	120	2 . . . 2 . . . 9
	140	0 . . . 1 . . 10
	141	Portée de but en blanc.

VITESSES initiales.	DISTANCES de la batterie.	QUANTITÉS dont il faut pointer plus bas que le but.
pieds.	toises.	pi. po. li.
900	30	2 . . . 5 . . . 9
	40	3 . . . 2 . . . 1
	60	4 . . . 1 . . . 2
	80	4 . . . 4 . . 11
	100	4 . . . 0 . . . 0
	120	2 . . 10 . . . 4
	140	1 . . . 0 . . . 6
	148	Portée de but en blanc.
925	30	2 . . . 6 . . . 1
	40	3 . . . 2 . . 10
	60	4 . . . 2 . . . 9
	80	4 . . . 8 . . . 0
	100	4 . . . 4 . . 10
	120	3 . . . 5 . . . 8
	140	1 . . 10 . . . 4
	150	0 . . . 8 . . . 8
	155	Portée de but en blanc.
950	30	2 . . . 6 . . . 6
	40	3 . . . 3 . . . 6
	60	4 . . . 4 . . . 4
	80	4 . . 10 . . 10
	100	4 . . . 9 . . . 3
	120	4 . . . 0 . . . 1
	140	2 . . . 9 . . . 2
	160	1 . . . 4 . . . 1
	163	Portée de but en blanc.
975	30	2 . . . 6 . . 11
	40	3 . . . 4 . . . 2
	60	4 . . . 5 . . . 9
	80	5 . . . 1 . . . 2
	100	5 . . . 1 . . . 1
	120	4 . . . 6 . . . 3
	140	2 . . . 9 . . . 0

VITESSES initiales.	DISTANCES de la batterie.	QUANTITÉS dont il faut pointer plus bas que le but.
pieds.	toises.	pi. po. li.
975	160	1 . . . 4 . . . 4
	170	0 . . . 2 . . . 2
	171	Portée de but en blanc.
1000	30	2 . . . 7 . . . 4
	40	3 . . . 4 . . 10
	60	4 . . . 7 . . . 4
	80	5 . . . 3 . . . 7
	100	5 . . . 4 . . . 8
	120	4 . . 11 . . . 6
	140	3 . . 11 . . . 2
	160	2 . . . 2 . . . 6
	179	Portée de but en blanc.
1050	30	2 . . . 8 . . . 0
	40	3 . . . 5 . . . 9
	60	4 . . . 9 . . . 7
	80	5 . . . 7 . . . 8
	100	5 . . 11 . . 10
	120	5 . . . 9 . . . 6
	140	5 . . . 0 . . . 7
	160	3 . . . 8 . . . 9
	180	1 . . . 9 . . . 9
	190	0 . . . 7 . . . 2
	194	Portée de but en blanc.
1100	30	2 . . . 8 . . . 3
	40	3 . . . 6 . . . 6
	60	4 . . 11 . . . 6
	80	5 . . 11 . . . 3
	100	6 . . . 5 . . . 8
	120	6 . . . 5 . . 10
	140	6 . . . 0 . . . 1
	160	5 . . . 0 . . 10
	180	3 . . . 6 . . . 4
	200	1 . . . 4 . . . 7

VITESSES initiales.	DISTANCES de la batterie.	QUANTITÉS dont il faut pointer plus bas que le but.
pieds.	toises.	pi. po. li.
1100	211	Portée de but en blanc.
	30	2 . . . 8 . . . 8
	40	3 . . . 7 . . . 2
	60	5 . . . 1 . . . 5
	80	6 . . . 2 . . . 3
	100	6 . . 10 . . . 8
	120	7 . . . 1 . . . 7
1150	140	6 . . 10 . . 10
	160	6 . . . 2 . . . 3
	180	5 . . . 0 . . . 0
	200	3 . . . 3 . . . 6
	220	0 . . 11 . . . 2
	227	Portée de but en blanc.
	30	2 . . . 9 . . . 0
	40	3 . . . 8 . . . 0
	60	5 . . . 2 . . . 6
	80	6 . . . 5 . . . 5
	100	7 . . . 3 . . . 1
	120	7 . . . 8 . . . 5
1200	140	7 . . . 7 . . . 8
	160	7 . . . 3 . . . 6
	180	6 . . . 3 . . . 7
	200	4 . . 10 . . . 7
	220	3 . . . 0 . . . 4
	240	0 . . . 7 . . . 8
	244	Portée de but en blanc.
	40	3 . . . 8 . . . 6
	60	5 . . . 4 . . . 7
1250	80	6 . . . 8 . . . 0
	100	7 . . . 6 . . 11
	120	8 . . . 2 . . . 2
	140	9 . . . 3 . . . 9

VITESSES initiales.	DISTANCES de la batterie.	QUANTITÉS dont il faut pointer plus bas que le but.		
pieds.	toises.	pi.	po.	li.
	160	8	7	10
	180	7	5	3
	200	6	4	4
1250	220	4	9	4
	240	2	8	1
	260	0	1	8
	261	Portée de but en blanc.		
	40	3	9	0
	60	5	5	3
	80	6	10	1
	100	7	10	8
	120	8	7	1
	140	8	10	11
	160	8	10	11
1300	180	8	5	10
	200	7	7	7
	220	6	4	11
	240	4	8	0
	260	2	5	9
	270	1	3	6
	279	Portée de but en blanc.		
	40	3	9	7
	60	5	7	2
	80	7	0	0
	100	8	1	11
	120	8	11	8
1350	140	9	6	0
	160	9	6	11
	180	9	4	2
	200	8	9	7
	220	7	9	8
	240	6	4	4
	260	4	6	7

VITESSES initiales.	DISTANCES de la batterie.	QUANTITÉS dont il faut pointer plus bas que le but.
pieds.	toises.	pi. po. li.
1350	280	2 . . . 2 . . . 9
	297	Portée de but en blanc.
1400	40	3 . . 10 . . . 1
	60	5 . . . 7 . . . 7
	80	7 . . . 1 . . . 7
	100	8 . . . 4 . . . 7
	120	9 . . . 3 . . . 6
	140	9 . . 11 . . . 5
	160	10 . . . 3 . . . 1
	180	10 . . . 1 . . 11
	200	9 . . 10 . . . 4
	220	9 . . . 1 . . . 5
	240	7 . . 10 . . . 8
	260	6 . . . 4 . . . 1
	280	4 . . . 5 . . . 5
	300	2 . . . 0 . . 10
	315	Portée de but en blanc.
1450	40	3 . . 10 . . . 4
	60	5 . . . 8 . . . 3
	80	7 . . . 3 . . . 6
	100	8 . . . 7 . . . 1
	140	10 . . . 4 . . . 8
	180	10 . . 11 . . . 8
	200	10 . . . 9 . . . 3
	220	10 . . . 1 . . 10
	260	7 . . 11 . . 10
	300	4 . . . 3 . . . 6
	320	1 . . . 8 . . . 5
	333	Portée de but en blanc.
1500	40	3 . . 10 . . 10
	60	5 . . . 9 . . . 1
	80	7 . . . 4 . . 10
	100	8 . . . 9 . . . 7

VITESSES initiales.	DISTANCES de la batterie.	QUANTITÉS dont il faut pointer plus bas que le but.
pieds.	toises.	pi. po. li.
	140	10 . . . 9 . . . 1
	180	11 . . . 7 . . . 8
	200	11 . . . 6 . . . 9
	220	11 . . . 2 . . . 5
1500	260	9 . . . 6 . . . 1
	300	6 . . . 4 . . . 4
	320	4 . . . 0 . . 10
	340	1 . . . 7 . . . 5
	351	Portée de but en blanc.
	40	3 . . 11 . . . 0
	60	5 . . . 9 . . 10
	80	7 . . . 6 . . . 1
	100	8 . . 11 . . . 6
	140	11 . . . 1 . . . 7
	180	12 . . . 2 . . . 6
1550	200	12 . . . 3 . . . 7
	220	12 . . . 1 . . . 4
	260	10 . . . 9 . . . 0
	300	8 . . . 1 . . . 4
	340	3 . . 11 . . . 8
	360	1 . . . 4 . . . 1
	369	Portée de but en blanc.
	40	3 . . 11 . . . 3
	60	5 . . 10 . . . 7
	80	7 . . . 7 . . . 1
	100	9 . . . 1 . . . 5
	140	11 . . . 5 . . . 2
1600	180	12 . . . 8 . . . 3
	200	13 . . . 0 . . . 6
	220	12 . . 11 . . . 5
	260	11 . . 11 . . . 3
	300	9 . . . 9 . . . 7
	340	6 . . . 1 . . . 8

VITESSES initiales.	DISTANCES de la batterie.	QUANTITÉS dont il faut pointer plus bas que le but.
pieds.	toises.	pi. po. li.
1600	380	1 . . . 2 . . . 6
	388	Portée de but en blanc.
1650	40	3 . . 11 . . . 8
	60	5 . . 11 . . . 1
	80	7 . . . 8 . . . 1
	100	9 . . . 3 . . . 1
	140	11 . . . 8 . . . 9
	180	13 . . . 3 . . . 1
	200	13 . . . 6 . . 10
	220	13 . . . 9 . . . 1
	260	13 . . . 1 . . . 1
	300	11 . . . 3 . . 10
	340	8 . . . 3 . . . 6
	380	3 . . 10 . . . 1
	400	1 . . . 0 . . . 9
	407	Portée de but en blanc.
1700	40	3 . . 11 . . 10
	50	5 . . . 0 . . . 1
	60	5 . . 11 . . . 5
	80	7 . . . 8 . . 11
	100	9 . . . 4 . . . 7
	150	12 . . . 5 . . . 9
	200	14 . . . 2 . . . 6
	250	14 . . . 3 . . . 9
	300	12 . . . 8 . . . 8
	350	9 . . . 3 . . . 4
	400	3 . . . 9 . . 10
	420	0 . . 10 . . . 8
	426	Portée de but en blanc.

PIECE DE 16.

TABLE des Hauſſes à employer pour ſe procurer un but en blanc artificiel, relatif aux vîteſſes initiales du Boulet, & aux diſtances de la Batterie au but, lorſque ces diſtances ſont plus grandes que le but en blanc naturel de la piece.

Diſtances de la batterie.	Vîteſſes initiales du Boulet.				
	450 pi.	475 pi.	500 pi.	525 pi.	550 pi.
	Hauſſes.	*Hauſſes.*	*Hauſſes.*	*Hauſſes.*	*Hauſſes.*
toiſes.	po. li.	po. li.	po. li.	po. li	po. li.
38	0 0	....	....	....	....
40	0 1	....	....	....	....
43	....	0 0	....	....	....
48	....	....	0 0	....	....
50	0 7	0 4	0 1	....	....
53	....	....	....	0 0	....
58	....	....	....	....	0 0
60	1 2	0 10	0 6	0 3	0 1
80	2 3	1 11	1 6	1 1	0 10
100	3 6	2 11	2 5	2 0	1 7
110	4 1	3 5	2 11	2 5	2 0
120	4 9	4 0	3 5	2 11	2 5

Distances de la batterie.	Vîtesses initiales du Boulet.				
	450 pi.	475 pi.	500 pi.	525 pi.	550 pi.
	Hausses.	*Hausses.*	*Hausses.*	*Hausses.*	*Hausses.*
toises.	po. li.	po. li.	po. li.	po. li.	po. li.
130	5 4	4 7	3 11	3 4	2 11
140	6 0	5 2	4 5	3 10	3 4
150	6 8	5 9	5 0	4 4	3 9
160	7 4	6 5	5 6	4 10	4 2
170	8 1	7 0	6 1	5 4	4 8
180	8 9	7 7	6 8	5 10	5 1
190	9 6	8 3	7 3	6 4	5 7
200	10 2	8 11	7 10	6 11	6 1
210	10 11	9 7	8 5	7 5	6 7
220	11 8	10 3	9 0	8 0	7 1
230	12 5	10 11	9 8	8 7	7 7
240	....	11 7	10 3	9 1	8 1
250	....	12 4	10 11	9 8	8 8
260	....	....	11 7	10 3	9 2
270	....	....	12 2	10 11	9 8
280	....	....	....	11 6	10 3
290	....	....	....	12 1	10 10
300	....	....	....	....	11 5
310	....	....	....	....	12 0

Distances de la batterie.	Vîteſſes initiales du Boulet.									
	755 pi.		600 pi.		625 pi.		650 pi.		675 pi.	
	Hauſſes.		*Hauſſes.*		*Hauſſes.*		*Hauſſes.*		*Hauſſes.*	
toiſes.	po.	li.	po.	li.	po.	li.	po.	li.	po.	li.
63	0	0	......		......		......		......	
69	......		0	0	......		......		......	
75	......		......		0	0	......		......	
80	0	7	0	4	0	2	......		......	
81	......		......		......		0	0	......	
87	......		......		......		......		0	0
100	1	3	1	0	0	9	0	6	0	4
110	1	8	1	4	1	1	0	10	0	7
120	2	1	1	9	1	5	1	2	0	11
130	2	5	2	1	1	9	1	6	1	2
140	2	10	2	5	2	1	1	9	1	5
150	3	3	2	10	2	5	2	1	1	9
160	3	8	3	2	2	9	2	5	2	1
170	4	1	3	7	3	1	2	9	2	4
180	4	6	4	0	3	6	3	1	2	8
190	4	11	4	4	3	11	3	5	3	0
200	5	5	4	9	4	3	3	9	3	4
210	5	10	5	2	4	7	4	1	3	8
220	6	4	5	7	5	0	4	5	4	0
230	6	9	6	0	5	5	4	10	4	4
240	7	2	6	5	5	10	5	2	4	8
250	7	8	6	11	6	2	5	6	5	0
260	8	2	7	4	6	7	5	11	5	4

Distances de la batterie.	Vîtesses initiales du Boulet.									
	575 pi.		600 pi.		625 pi.		650 pi.		675 pi.	
	Hausses.		*Hausses.*		*Hausses.*		*Hausses.*		*Hausses.*	
toises.	po.	li.	po.	li.	po.	li.	po.	li.	po.	li.
270	8	8	7	10	7	0	6	4	5	8
280	9	2	8	3	7	5	6	9	6	1
290	9	8	8	8	7	10	7	1	6	5
300	10	2	9	2	8	3	7	6	6	10
310	10	9	9	8	8	9	7	11	7	2
320	11	3	10	2	9	2	8	4	7	7
330	11	9	10	8	9	8	8	9	7	11
340	....		11	2	10	1	9	2	8	4
350	....		11	8	10	7	9	7	8	9
360	....		....		11	1	10	0	9	2
370	....		....		11	6	10	6	9	7
380	....		....		....		10	11	10	0
390	....		....		....		11	4	10	5
400	....		....		....		11	10	10	10
410	....		....		....		....		11	3
420	....		....		....		....		11	8

Distances de la batterie.	Vîteſſes initiales du Boulet.				
	700 pi.	725 pi.	750 pi.	775 pi.	800 pi.
	Hauſſes.	*Hauſſes.*	*Hauſſes.*	*Hauſſes.*	*Hauſſes.*
toiſes.	po. li.	po. li.	po. li.	po. li.	po. li.
93	0 0	....	....	....	....
99	....	0 0	....	....	....
100	0 2	0 0	....	....	....
106	....	....	0 0	....	....
110	0 5	0 3	0 1	....	....
113	....	....	....	0 0	....
120	0 8	0 6	0 4	0 2	0 0
130	0 11	0 9	0 7	0 4	0 2
140	1 2	1 0	0 9	0 7	0 5
150	1 6	1 3	1 0	0 10	0 8
160	1 9	1 6	1 3	1 1	0 10
170	2 1	1 9	1 6	1 3	1 1
180	2 4	2 0	1 9	1 6	1 3
190	2 8	2 3	2 0	1 9	1 6
200	2 11	2 7	2 3	2 0	1 9
210	3 3	2 11	2 6	2 3	1 11
220	3 7	3 2	2 10	2 6	2 2
230	3 11	3 5	3 1	2 9	2 5
240	4 2	3 9	3 4	3 0	2 8
250	4 6	4 1	3 7	3 3	2 11
260	4 10	4 4	3 11	3 6	3 2
270	5 2	4 8	4 2	3 10	3 5

Distances de la batterie.	Vîtesses initiales du Boulet.				
	700 pi.	725 pi.	750 pi.	775 pi.	800 pi.
	Hausses.	*Hausses.*	*Hausses.*	*Hausses.*	*Hausses.*
toises.	po. li.	po. li.	po. li.	po. li.	po. li.
280	5 6	4 11	4 6	4 1	3 8
290	5 10	5 3	4 10	4 4	3 11
300	6 2	5 7	5 1	4 7	4 2
310	6 6	5 11	5 5	4 11	4 6
320	6 11	6 3	5 9	5 2	4 9
330	7 3	6 8	6 0	5 6	5 1
340	7 7	7 0	6 4	5 10	5 4
350	8 0	7 4	6 8	6 1	5 7
360	8 4	7 8	7 0	6 5	5 11
370	8 9	8 0	7 4	6 9	6 2
380	9 1	8 4	7 8	7 0	6 5
390	9 6	8 8	8 0	7 4	6 9
400	9 11	9 0	8 4	7 8	7 0
410	10 3	9 4	8 8	7 11	7 4
420	10 8	9 8	9 0	8 3	7 8
430	11 1	10 0	9 4	8 7	8 0
440	....	10 5	9 8	8 11	8 4
450	....	10 9	10 0	9 3	8 7
460	....	11 1	10 4	9 7	8 11

Distances de la batterie.	Vîtesses initiales du Boulet.				
	825 pi.	850 pi.	875 pi.	900 pi.	925 pi.
	Hausses.	*Hausses.*	*Hausses.*	*Hausses.*	*Hausses.*
toises.	po. li.	po. li.	po. li.	po. li.	po. li.
127	0 0	....	....	....	....
130	0 1	....	....	....	....
134	....	0 0	....	....	....
140	0 3	0 1	....	....	....
141	....	....	0 0	....	....
148	....	....	....	0 0	....
150	0 6	0 4	0 2	0 0	....
155	....	....	....	....	0 0
160	0 8	0 6	0 4	0 2	0 1
170	0 11	0 8	0 6	0 5	0 3
180	1 1	0 11	0 8	0 7	0 5
190	1 3	1 1	0 11	0 9	0 7
200	1 6	1 3	1 1	0 11	0 9
210	1 8	1 6	1 3	1 1	0 11
220	1 11	1 8	1 6	1 3	1 1
230	2 1	1 11	1 8	1 5	1 3
240	2 4	2 1	1 11	1 7	1 5
250	2 7	2 4	2 1	1 10	1 7
260	2 10	2 7	2 3	2 1	1 10
270	3 1	2 9	2 6	2 3	2 0
280	3 4	3 0	2 9	2 5	2 2
290	3 7	3 3	2 11	2 8	2 4

Distances de la batterie.	Vîtesses initiales du Boulet.									
	825 pi.		850 pi.		875 pi.		900 pi.		925 pi.	
	Hausses.		*Hausses.*		*Hausses.*		*Hausses.*		*Hausses.*	
toises.	po.	li.	po.	li.	po.	li.	po.	li.	po.	li.
300	3	10	3	6	3	1	2	11	2	7
310	4	1	3	9	3	4	3	1	2	10
320	4	4	4	0	3	7	3	3	3	0
330	4	7	4	2	3	10	3	6	3	2
340	4	10	4	5	4	1	3	9	3	5
350	5	1	4	8	4	4	3	11	3	7
360	5	5	4	11	4	6	4	1	3	10
370	5	8	5	2	4	9	4	4	4	1
380	5	11	5	5	5	0	4	7	4	3
390	6	2	5	9	5	3	4	10	4	6
400	6	6	6	0	5	6	5	1	4	9
410	6	10	6	3	5	9	5	4	5	0
420	7	1	6	7	6	0	5	7	5	2
430	7	5	6	10	6	3	5	10	5	5
440	7	9	7	1	6	6	6	0	5	8
450	8	0	7	4	6	9	6	3	5	11
460	8	4	7	8	7	0	6	6	6	2
470	8	8	8	0	7	4	6	9	6	5

Distances de la batterie.	Vîtesses initiales du Boulet.				
	950 pi.	975 pi.	1000 pi.	1050 pi.	1100 pi.
	Hausses.	*Hausses.*	*Hausses.*	*Hausses.*	*Hausses.*
toises.	po. li.	po. li.	po. li.	po. li.	po. li.
163	0 0	....	....	....	....
170	0 1	....	....	....	....
171	....	0 0	....	....	....
179	....	....	0 0	....	....
180	0 3	0 1	0 0	....	....
190	0 5	0 3	0 2	....	....
194	....	....	....	0 0	....
200	0 7	0 5	0 4	0 1	....
210	0 9	0 7	0 6	0 3	....
211	....	....	....	....	0 0
220	0 11	0 9	0 7	0 4	0 1
230	1 1	0 11	0 9	0 6	0 3
240	1 3	1 1	0 11	0 7	0 4
250	1 5	1 3	1 0	0 9	0 6
260	1 7	1 5	1 2	0 11	0 8
270	1 9	1 7	1 4	1 0	0 9
280	1 11	1 9	1 6	1 2	0 11
290	2 2	1 11	1 8	1 4	1 0
300	2 4	2 1	1 11	1 6	1 2
310	2 6	2 3	2 1	1 8	1 4
320	2 8	2 6	2 3	1 10	1 6
330	2 11	2 8	2 5	2 0	1 7

Distances de la batterie.	Vîtesses initiales du Boulet.									
	950 pi.		975 pi.		1000 pi.		1050 pi.		1100 pi.	
	Hausses.		*Hausses.*		*Hausses.*		*Hausses.*		*Hausses.*	
toises.	po.	li.	po.	li.	po.	li.	po.	li.	po.	li.
340	3	1	2	10	2	7	2	1	1	9
350	3	4	3	0	2	9	2	3	1	11
360	3	6	3	2	2	11	2	5	2	0
370	3	9	3	5	3	1	2	7	2	2
380	3	11	3	7	3	4	2	9	2	4
390	4	1	3	10	3	6	2	11	2	6
400	4	4	4	0	3	8	3	1	2	8
410	4	6	4	2	3	10	3	4	2	10
420	4	9	4	5	4	1	3	6	3	0
430	5	0	4	7	4	3	3	8	3	2
440	5	3	4	10	4	6	3	10	3	4
450	5	5	5	0	4	8	4	0	3	6
460	5	8	5	3	4	11	4	3	3	8
470	5	11	5	6	5	1	4	5	3	10
480	6	1	5	9	5	4	4	7	4	0
490	6	4	5	11	5	6	4	10	4	2
500	6	7	6	2	5	9	5	0	4	4

Distances de la batterie.	Vîtesses initiales du Boulet.				
	1150 pi.	1200 pi.	1250 pi.	1300 pi.	1350 pi.
	Hausses.	*Hausses.*	*Hausses.*	*Hausses.*	*Hausses.*
toises.	po. li.	po. li.	po. li.	po. li.	po. li.
227	0 0	....	....	....	....
230	0 0	....	....	....	....
240	0 2	....	....	....	....
244	....	0 0	....	....	....
250	0 3	0 1	....	....	....
260	0 5	0 2	....	....	....
261	....	....	0 0	....	....
270	0 6	0 3	0 1	....	....
279	....	....	....	0 0	....
280	0 8	0 5	0 2	0 0	....
290	0 9	0 6	0 4	0 1	....
297	....	....	....	....	0 0
300	0 11	0 8	0 5	0 2	0 0
310	1 0	0 9	0 6	0 4	0 1
320	1 2	0 11	0 7	0 5	0 2
330	1 3	1 0	0 9	0 6	0 4
340	1 5	1 1	0 10	0 7	0 5
350	1 6	1 3	1 0	0 9	0 6
360	1 8	1 4	1 1	0 10	0 7
370	1 10	1 6	1 2	0 11	0 8
380	2 0	1 7	1 4	1 1	0 10
390	2 1	1 9	1 5	1 2	0 11
400	2 3	1 11	1 7	1 4	1 0
410	2 5	2 0	1 8	1 5	1 1
420	2 6	2 2	1 10	1 6	1 3
430	2 8	2 4	1 11	1 8	1 4
440	2 10	2 5	2 1	1 9	1 6
450	3 0	2 7	2 2	1 11	1 7
460	3 2	2 9	2 4	2 0	1 8
470	3 4	2 11	2 6	2 1	1 10
490	3 8	3 2	2 9	2 4	2 0

Distances de la batterie.	Vîtesses initiales du Boulet.				
	1400 pi.	1450 pi.	1500 pi.	1550 pi.	1600 pi.
	Hausses.	*Hausses.*	*Hausses.*	*Hausses.*	*Hausses.*
toises.	po. li.	po. li.	po. li.	po. li.	po. li.
315	0 6	....	....	....	....
320	0 1	....	....	....	....
333	....	0 0	....	....	....
340	0 3	0 1	....	....	....
351	....	....	0 0	....	....
360	0 5	0 3	0 1	....	....
369	....	....	....	0 0	....
380	0 7	0 5	0 3	0 1	....
388	....	....	....	....	0 0
400	0 9	0 7	0 5	0 3	0 1
420	1 0	0 9	0 7	0 5	0 3
440	1 2	1 0	0 9	0 7	0 5
460	1 5	1 2	0 11	0 9	0 7
480	1 8	1 4	1 1	0 11	0 9
500	1 11	1 7	1 4	1 1	0 11
550	2 7	2 3	1 11	1 8	1 6
600	3 2	2 10	2 6	2 2	1 11
650	3 10	3 5	3 1	2 9	2 5
700	4 6	4 1	3 8	3 3	2 11
750	5 3	4 9	4 3	3 10	3 6
800	6 0	5 5	4 11	4 6	4 1

M

Distances de la batterie.	Vîtesses initiales du Boulet.				
	1650 pi.	1700 pi.			
	Hausses.	*Hausses.*			
toises.	po. li.	po. li.			
407	0 0	....			
420	0 1	....			
426	....	0 0			
440	0 3	0 1			
460	0 4	0 3			
480	0 6	0 4			
500	0 8	0 6			
550	1 2	1 0			
600	1 8	1 5			
650	2 2	1 11			
700	2 8	2 4			
750	3 2	2 10			
800	3 8	3 4			

PIECE DE 12, longue.

TABLE des Vîtesses du Boulet de 12, résultantes des charges des différentes especes de Poudres, dont la qualité est indiquée par la portée du Mortier à éprouver les Poudres, chargé de 3 onces.

CHARGES de POUDRE.	Portées du Mortier d'épreuve.						
	to. 90	to. 95	to. 100	to. 105	to. 110	to. 115	to. 120
	Vîtesses initiales du Boulet.						
livres.	pi.	pi.	pi.	pi.	pi.	pi.	pi.
½	484	497	510	522	554	547	558
¾	658	676	693	710	727	743	759
1	772	793	814	834	853	873	892
1 ½	901	926	950	973	996	1019	1041
2	1001	1029	1055	1082	1107	1132	1156
2 ½	1086	1116	1145	1173	1201	1228	1254
3	1154	1186	1216	1246	1276	1304	1333
3 ½	1213	1247	1279	1311	1341	1372	1401
4	1290	1325	1360	1393	1426	1458	1489

CHARGES de POUDRE.	Portée du Mort. d'épr.				LONGUEURS des Charges DANS LE CANON.		
	to. 125*	to. 130	to. 135	to. 140			
	Vîtesses init. du Boulet.						
livres.	pi.	pi.	pi.	pi.	po.	li.	pts.
½	570	581	590	600	0	10	8
¾	775	790	805	820	1	4	0
1	910	928	946	963	1	9	4
1 ½	1062	1083	1104	1124	2	8	0
2	1180	1203	1226	1248	3	6	7
2 ½	1280	1305	1330	1355	4	5	3
3	1360	1387	1413	1439	5	3	11
3 ½	1430	1458	1486	1513	6	2	7
4	1520	1550	1580	1609	7	1	2

* Les vîtesses de cette colonne ont été trouvées par l'expérience; la poudre qu'on y a employée donnoit, avec le Mortier d'épreuve, une portée de 125 toises. Les vîtesses des autres colonnes en ont été déduites par le calcul.

PIECE DE 12, longue.

TABLE des Vîtesses qui restent au Boulet de 12, à différentes distances du Canon.

VITESSES initiales du BOULET	Distances du Canon.					
	to. 50	to. 100	to. 150	to. 200	to. 250	to. 300
	Vîtesses restantes.					
pi.	pi.	pi.	pi.	pi.	pi.	pi.
550	517	486	457	430	404	380
600	564	531	499	469	441	415
650	611	575	541	508	478	449
700	658	619	582	547	515	484
750	705	663	624	586	552	519
800	752	707	665	626	588	553
850	799	752	707	665	625	588
900	846	796	748	704	662	622
950	893	840	790	743	699	657
1000	940	884	832	782	735	692
1050	988	929	873	821	772	726
1100	1035	973	915	860	809	761
1150	1082	1017	956	899	846	795
1200	1129	1061	998	938	883	830
1250	1175	1105	1039	978	919	864
1300	1222	1150	1081	1017	956	899
1350	1269	1194	1123	1056	993	934
1400	1317	1238	1164	1095	1030	968
1450	1364	1282	1206	1134	1066	1003
1500	1411	1326	1247	1173	1103	1037
1550	1458	1371	1289	1212	1140	1072

VITESSES initiales du BOULET	Distances du Canon.					
	to. 350	to. 400	to. 450	to. 500	to. 550	to. 600
	Vitesses restantes.					
pi.	pi.	pi.	pi.	pi.	pi.	pi.
550	358	336	316	297	280	263
600	390	367	345	324	305	287
650	423	397	374	352	331	311
700	455	428	403	379	356	335
750	488	459	431	406	381	359
800	520	489	460	433	407	383
850	553	520	489	460	432	406
900	585	550	518	487	458	430
950	618	581	546	514	483	454
1000	650	612	575	541	509	478
1050	683	642	604	568	534	502
1100	715	673	633	595	559	526
1150	748	702	661	622	585	550
1200	780	733	690	649	610	574
1250	813	764	719	676	636	598
1300	845	795	747	703	661	622
1350	878	826	776	730	687	646
1400	910	856	805	757	712	670
1450	943	887	834	784	737	693
1500	975	917	863	811	763	717
1550	1008	948	891	838	788	741

PIECE DE 12, longue.

TABLE des Quantités dont la piece de 12, longue, doit être pointée au dessous du but, relativement aux vîtesses initiales du Boulet, & aux distances de la batterie au but, lorsque ces distances sont moindres que la portée du but en blanc naturel de la piece.

VITESSES initiales.	DISTANCES de la batterie.	QUANTITÉS dont il faut pointer plus bas que le but.
pieds.	toises.	pi. po. li.
550	10	0 . . . 6 . . . 4
	20	1 . . . 1 . . 10
	30	1 . . . 4 . . . 0
	40	1 . . . 1 . . 10
	55	Portée de but en blanc.
575	10	0 . . . 6 . . . 7
	20	1 . . . 2 . . . 3
	30	1 . . . 5 . . . 9
	40	1 . . . 4 . . . 8
	60	0 . . . 1 . . . 2
	61	Portée de but en blanc.
600	10	0 . . . 6 . . 10
	20	1 . . . 3 . . . 0
	30	1 . . . 9 . . . 2
	40	1 . . . 7 . . . 5
	60	0 . . . 7 . . . 4
	66	Portée de but en blanc.
625	10	0 . . . 7 . . . 0
	20	1 . . . 3 . . . 6
	30	1 . . . 8 . . . 5
	40	1 . . . 9 . . 10
	60	1 . . . 0 . . 11

VITESSES initiales.	DISTANCES de la batterie.	QUANTITÉS dont il faut pointer plus bas que le but.
pieds.	toises.	pi. po. li.
625	71	Portée de but en blanc.
650	10	0 . . . 7 . . . 1
	20	1 . . . 4 . . . 1
	30	1 . . . 9 . . . 7
	40	2 . . . 0 . . . 6
	60	1 . . . 5 . . . 9
	77	Portée de but en blanc.
675	20	1 . . . 4 . . . 5
	30	1 . . 10 . . . 8
	40	2 . . . 1 . . 11
	60	1 . . . 9 . . 10
	80	0 . . . 4 . . . 4
	83	Portée de but en blanc.
700	20	1 . . . 4 . . 10
	30	1 . . 11 . . . 8
	40	2 . . . 3 . . . 6
	60	2 . . . 1 . . 11
	80	0 . . 11 . . . 3
	89	Portée de but en blanc.
725	20	1 . . . 5 . . . 3
	30	2 . . . 0 . . . 6
	40	2 . . . 5 . . . 0
	60	2 . . . 5 . . . 3
	80	1 . . . 5 . . . 6
	95	Portée de but en blanc.
750	20	1 . . . 5 . . . 8
	30	2 . . . 1 . . . 2
	40	2 . . . 6 . . . 6
	60	2 . . . 8 . . . 3
	80	1 . . 11 . . . 2
	100	0 . . . 2 . . . 1

VITESSES initiales.	DISTANCES de la batterie.	QUANTITÉS dont il faut pointer plus bas que le but.		
pieds.	toises.	pi.	po.	li.
750	101	Portée de but en blanc.		
775	20	1	5	10
	30	2	1	8
	40	2	7	7
	60	2	11	2
	80	2	4	7
	100	0	10	1
	108	Portée de but en blanc.		
800	20	1	6	3
	30	2	2	4
	40	2	8	8
	60	3	1	10
	80	2	9	4
	100	0	11	1
	114	Portée de but en blanc.		
825	20	1	6	6
	30	2	3	0
	40	2	9	9
	60	3	4	5
	80	3	1	5
	100	2	0	7
	120	0	1	7
	121	Portée de but en blanc.		
850	20	1	6	7
	30	2	3	7
	40	2	10	10
	60	3	6	6
	80	3	5	6
	100	2	6	11
	120	0	10	7
	128	Portée de but en blanc.		

VITESSES initiales.	DISTANCES de la batterie.	QUANTITÉS dont il faut pointer plus bas que le but.		
pieds.	toises.	pi.	po.	li.
875	20	1	6	9
	30	2	4	1
	40	2	11	6
	60	3	8	5
	80	3	9	0
	100	3	0	4
	120	1	6	7
	134	Portée de but en blanc.		
900	20	1	6	11
	30	2	4	5
	40	3	0	4
	60	3	10	1
	80	4	0	3
	100	3	5	5
	120	2	2	5
	141	Portée de but en blanc.		
925	20	1	7	2
	30	2	4	11
	40	3	0	11
	60	3	11	8
	80	4	3	3
	100	3	10	2
	120	2	9	11
	140	1	0	6
	148	Portée de but en blanc.		
950	20	1	7	5
	30	2	5	3
	40	3	1	8
	60	4	1	4
	80	4	6	0
	100	4	2	9
	120	3	4	3
	140	1	9	1

VITESSES initiales.	DISTANCES de la batterie.	QUANTITÉS dont il faut pointer plus bas que le but.
pieds.	toises.	pi. po. li.
950	155	Portée de but en blanc.
975	20	1 . . . 7 . . . 7
	30	2 . . . 5 . . . 7
	40	3 . . . 2 . . . 3
	60	4 . . . 2 . . 10
	80	4 . . . 8 . . . 8
	100	4 . . . 7 . . . 2
	120	3 . . 10 . . . 1
	140	2 . . . 5 . . . 6
	160	0 . . . 4 . . . 4
	163	Portée de but en blanc.
1000	30	2 . . . 5 . . 10
	40	3 . . . 2 . . . 9
	60	4 . . . 4 . . . 1
	80	4 . . 10 . . 10
	100	4 . . 11 . . . 3
	120	4 . . . 3 . . . 9
	140	3 . . . 1 . . . 5
	160	1 . . . 3 . . . 1
	170	Portée de but en blanc.
1050	30	2 . . . 6 . . . 7
	40	3 . . . 3 . . . 9
	60	4 . . . 6 . . . 7
	80	5 . . . 3 . . . 0
	100	5 . . . 6 . . . 0
	120	5 . . . 2 . . . 3
	140	4 . . . 3 . . . 4
	160	2 . . . 9 . . . 4
	180	0 . . . 8 . . . 6
	185	Portée de but en blanc.
1100	30	2 . . . 7 . . . 1
	40	3 . . . 4 . . . 8

VITESSES initiales.	DISTANCES de la batterie.	QUANTITÉS dont il faut pointer plus bas que le but.		
pieds.	toises.	pi.	po.	li.
1100	60	4	8	8
	80	5	6	10
	100	6	0	1
	120	5	10	7
	140	5	3	3
	160	4	1	7
	180	2	5	0
	200	0	1	4
	201	Portée de but en blanc.		
1150	30	2	7	7
	40	3	5	6
	60	4	10	2
	80	5	10	1
	100	6	4	10
	120	6	6	4
	140	6	1	11
	160	5	3	7
	180	3	11	3
	200	2	0	3
	216	Portée de but en blanc.		
1200	30	2	8	0
	40	3	6	4
	60	4	11	9
	80	6	0	11
	100	6	9	6
	120	7	0	10
	140	6	11	3
	160	6	4	7
	180	5	3	0
	200	3	8	5
	220	1	7	4
	232	Portée de but en blanc.		

VITESSES initiales.	DISTANCES de la batterie.	QUANTITÉS dont il faut pointer plus bas que le but.		
pieds.	toises.	pi.	po.	li.
1250	40	3	6	10
	60	5	1	1
	80	6	3	6
	100	7	1	5
	120	7	6	9
	140	7	7	5
	160	7	3	3
	180	6	5	0
	200	5	1	11
	220	3	4	0
	240	1	0	11
	248	Portée de but en blanc.		
1300	40	3	7	4
	60	5	2	3
	80	6	5	8
	100	7	4	11
	120	8	0	3
	140	8	2	6
	160	8	0	11
	180	7	5	9
	200	6	4	10
	220	4	11	3
	240	3	1	2
	260	0	6	11
	264	Portée de but en blanc.		
1350	40	3	7	10
	60	5	3	4
	80	6	7	7
	100	7	8	3
	120	8	5	0
	140	8	9	0
	160	8	9	7
	180	8	4	8

VITESSES initiales.	DISTANCES de la batterie.	QUANTITÉS dont il faut pointer plus bas que le but.		
pieds.	toises.	pi.	po.	li.
1350	200	7	6	10
	220	6	5	0
	240	4	10	2
	260	2	9	3
	280	0	1	11
	281	Portée de but en blanc.		
1400	40	3	8	3
	60	5	4	4
	80	6	9	4
	100	7	10	11
	120	8	9	1
	140	9	2	9
	160	9	4	1
	180	9	2	3
	200	8	7	8
	220	7	8	5
	240	6	4	0
	260	4	8	1
	280	2	4	0
	298	Portée de but en blanc.		
1450	40	3	8	8
	60	5	5	3
	80	6	11	0
	100	8	1	8
	140	9	8	0
	180	9	11	6
	200	9	7	11
	220	8	10	5
	260	6	3	4
	300	2	0	3
	315	Portée de but en blanc.		
1500	40	3	9	0
	60	5	6	3

VITESSES initiales.	DISTANCES de la batterie.	QUANTITÉS dont il faut pointer plus bas que le but.
pieds.	toises.	pi. po. li.
1500	80	7 . . . 0 . . . 7
	100	8 . . . 3 . . . 9
	140	10 . . . 0 . . . 7
	180	10 . . . 7 . . . 4
	200	10 . . . 6 . . . 0
	220	9 . . 10 . . . 7
	260	7 . . . 8 . . 11
	300	4 . . . 2 . . . 6
	320	1 . . . 9 . . . 7
	332	Portée de but en blanc.
1550	40	3 . . . 9 . . . 3
	60	5 . . . 6 . . 11
	80	7 . . . 1 . . . 8
	100	8 . . . 5 . . . 9
	140	10 . . . 4 . . 11
	180	11 . . . 2 . . . 8
	200	11 . . . 2 . . . 9
	220	10 . . 10 . . . 2
	260	9 . . . 1 . . . 3
	300	6 . . . 0 . . . 9
	340	1 . . . 4 . . . 1
	350	Portée de but en blanc.
1600	40	3 . . . 9 . . . 6
	60	5 . . . 7 . . . 5
	80	7 . . . 2 . . . 9
	100	8 . . . 7 . . . 8
	140	10 . . . 8 . . . 8
	180	11 . . . 9 . . . 7
	200	11 . . 10 . . 10
	220	11 . . . 8 . . . 9
	260	10 . . . 4 . . . 4
	300	7 . . . 9 . . . 2
	340	3 . . . 7 . . . 7

VITESSES initiales.	DISTANCES de la batterie.	QUANTITÉS dont il faut pointer plus bas que le but.		
pieds.	toises.	pi.	po.	li.
1600	360	1	0	1
	368	Portée de but en blanc.		
1650	40	3	9	10
	60	5	8	0
	80	7	3	10
	100	8	9	1
	140	11	0	0
	180	12	4	0
	200	12	6	4
	220	12	5	8
	260	11	6	4
	300	9	3	1
	340	5	8	9
	360	3	5	3
	380	0	10	2
	386	Portée de but en blanc.		

PIECE DE 12, longue.

TABLE des Hausses à employer pour se procurer un but en blanc artificiel, relatif aux vîtesses initiales du Boulet, & aux distances de la Batterie au but, lorsque ces distances sont plus grandes que la portée du but en blanc naturel de la piece.

Distances de la batterie.	Vîtesses initiales du Boulet.				
	550 pi.	575 pi.	600 pi.	625 pi.	650 pi.
	Hausses.	*Hausses.*	*Hausses.*	*Hausses.*	*Hausses.*
toises.	po. li.	po. li.	po. li.	po. li.	po. li.
55	0 0	....	....	....	....
60	0 2	....	....	....	....
61	....	0 0	....	....	....
66	....	....	0 0	....	....
70	0 6	0 4	0 1	....	....
71	....	....	....	0 0	....
77	....	....	....	....	0 0
80	0 10	0 8	0 5	0 3	0 1
90	1 3	1 0	0 9	0 6	0 4
100	1 7	1 4	1 1	0 10	0 8
110	2 0	1 8	1 5	1 2	0 11
120	2 5	2 1	1 9	1 5	1 2

Distances de la batterie.	Vitesses initiales du Boulet.									
	550 pi.		575 pi.		600 pi.		625 pi.		650 pi.	
	Hausses.		*Hausses.*		*Hausses.*		*Hausses.*		*Hausses.*	
toises.	po.	li.	po.	li.	po.	li.	po.	li.	po.	li.
130	2	10	2	5	2	1	1	9	1	6
140	3	3	2	10	2	5	2	1	1	9
150	3	8	3	2	2	9	2	5	2	0
160	4	1	3	7	3	2	2	9	2	4
170	4	7	4	0	3	6	3	1	2	8
180	5	1	4	5	3	10	3	5	3	0
190	5	6	4	11	4	3	3	10	3	4
200	6	0	5	4	4	8	4	2	3	8
210	6	6	5	9	5	1	4	6	4	0
220	7	0	6	2	5	6	4	11	4	5
230	7	6	6	8	5	11	5	4	4	9
240	8	0	7	1	6	4	5	8	5	1
250	8	6	7	7	6	9	6	1	5	6
260	9	0	8	0	7	2	6	6	5	11
270	9	6	8	6	7	8	6	11	6	3
280	10	0	9	0	8	1	7	4	6	7
290	10	7	9	6	8	7	7	9	7	0
300	11	2	10	0	9	0	8	2	7	5
310	11	8	10	6	9	6	8	7	7	10
320	....		11	0	10	0	9	0	8	2
330	....		11	7	10	6	9	6	8	7
340	....		....		10	11	9	11	9	0
350	....		....		11	5	10	5	9	5
360	....		....		11	11	10	11	9	11
370	....		....		....		11	4	10	4
380	....		....		....		11	10	10	9
390	....		....		....		....		11	2
400	....		....		....		....		11	8

Distances de la batterie.	Vîtesses initiales du Boulet.				
	675 pi.	700 pi.	725 pi.	750 pi.	775 pi.
	Hausses.	*Hausses.*	*Hausses.*	*Hausses.*	*Hausses.*
toises.	po. li.	po. li.	po. li.	po. li.	po. li.
83	0 0	....	....	....	....
89	....	0 0	....	....	....
90	0 3	0 0	....	....	....
95	....	....	0 0	....	....
100	0 5	0 3	0 1	....	....
101	....	....	....	0 0	....
108	....	....	....	....	0 0
110	0 8	0 6	0 4	0 2	0 0
120	0 11	0 9	0 7	0 5	0 3
130	1 2	1 0	0 10	0 7	0 5
140	1 6	1 3	1 0	0 10	0 8
150	1 9	1 6	1 3	1 0	0 11
160	2 1	1 10	1 6	1 3	1 1
170	2 4	2 1	1 9	1 6	1 4
180	2 8	2 4	2 0	1 9	1 7
190	3 0	2 7	2 4	2 0	1 9
200	3 4	2 11	2 7	2 3	2 0
210	3 7	3 2	2 10	2 6	2 3
220	3 11	3 6	3 1	2 9	2 6
230	4 3	3 10	3 5	3 1	2 9
240	4 7	4 1	3 9	3 4	3 0
250	4 11	4 5	4 0	3 7	3 3

Distances de la batterie.	Vîtesses initiales du Boulet.									
	675 pi.		700 pi.		725 pi.		750 pi.		775 pi.	
	Hausses.		*Hausses.*		*Hausses.*		*Hausses.*		*Hausses.*	
toises.	po.	li.	po.	li.	po.	li.	po.	li.	po.	li.
260	5	3	4	9	4	4	3	11	3	6
270	5	8	5	1	4	7	4	2	3	9
280	6	0	5	5	4	11	4	6	4	0
290	6	4	5	9	5	3	4	9	4	4
300	6	8	6	1	5	7	5	1	4	7
310	7	1	6	5	5	11	5	4	4	11
320	7	6	6	10	6	2	5	8	5	2
330	7	10	7	2	6	6	6	0	5	6
340	8	3	7	6	6	10	6	3	5	9
350	8	8	7	11	7	2	6	7	6	0
360	9	0	8	3	7	6	6	11	6	4
370	9	5	8	8	7	11	7	3	6	8
380	9	10	9	0	8	3	7	7	7	0
390	10	3	9	5	8	7	7	11	7	4
400	10	8	9	10	9	0	8	3	7	7
410	11	1	10	2	9	4	8	7	7	11
420	11	6	10	7	9	8	8	11	8	3
430	....		11	0	10	0	9	3	8	6
440	....		11	5	10	5	9	7	8	10

Distances de la batterie.	Vîtesses initiales du Boulet.				
	800 pi.	825 pi.	850 pi.	875 pi.	900 pi.
	Hausses.	*Hausses.*	*Hausses.*	*Hausses.*	*Hausses.*
toises.	po. li.	po. li.	po. li.	po. li.	po. li.
114	0 0	....	....	....	....
120	0 1	....	....	....	....
121	....	0 0	....	....	....
128	....	....	0 0	....	....
130	0 4	0 2	0 0	....	....
134	....	....	....	0 0	....
140	0 6	0 4	0 3	0 1	....
141	....	....	....	....	0 0
150	0 9	0 6	0 5	0 3	0 2
160	0 11	0 9	0 7	0 5	0 4
170	1 1	0 11	0 9	0 7	0 6
180	1 4	1 1	0 11	0 10	0 8
190	1 7	1 4	1 1	1 0	0 10
200	1 9	1 6	1 4	1 2	1 0
210	2 0	1 9	1 6	1 4	1 2
220	2 2	2 0	1 9	1 6	1 4
230	2 5	2 2	1 11	1 9	1 6
240	2 8	2 5	2 1	1 11	1 8
250	2 11	2 8	2 4	2 1	1 11
260	3 2	2 11	2 7	2 4	2 1
270	3 5	3 1	2 10	2 6	2 3
280	3 8	3 4	3 0	2 9	2 6

Distances de la batterie.	Vîteſſes initiales du Boulet.									
	800 pi.		825 pi.		850 pi.		875 pi.		900 pi.	
	Hauſſes.		*Hauſſes.*		*Hauſſes.*		*Hauſſes.*		*Hauſſes.*	
toiſes.	po.	li.	po.	li.	po.	li.	po.	li.	po.	li.
290	3	11	3	7	3	3	3	0	2	8
300	4	2	3	10	3	6	3	2	2	11
310	4	6	4	1	3	9	3	5	3	1
320	4	9	4	4	4	0	3	8	3	4
330	5	0	4	7	4	2	3	10	3	6
340	5	3	4	10	4	5	4	1	3	9
350	5	7	5	1	4	8	4	4	4	0
360	5	10	5	4	4	11	4	7	4	2
370	6	1	5	8	5	2	4	10	4	5
380	6	5	5	11	5	6	5	0	4	8
390	6	9	6	2	5	9	5	3	4	11
400	7	0	6	6	6	0	5	6	5	1
410	7	3	6	9	6	3	5	9	5	4
420	7	7	7	0	6	6	6	0	5	7
430	7	11	7	4	6	9	6	3	5	10
440	8	3	7	8	7	1	6	6	6	1
450	8	7	7	11	7	4	6	10	6	4
460	8	11	8	3	7	8	7	1	6	7
470	9	2	8	6	7	11	7	4	6	10
480	9	6	8	10	8	2	7	8	7	1
490	9	10	9	1	8	6	7	11	7	4
500	10	2	9	5	8	10	8	2	7	7

Distances de la batterie.	Vîtesses initiales du Boulet.				
	925 pi.	950 pi.	975 pi.	1000 pi.	1050 pi.
	Hausses.	*Hausses.*	*Hausses.*	*Hausses.*	*Hausses.*
toises.	po. li.	po. li.	po. li.	po. li.	po. li.
148	0 0	....	....	....	....
150	0 0	....	....	....	....
155	....	0 0	....	....	....
160	0 2	0 1	....	....	....
163	....	....	0 0	....	....
170	0 4	0 3	0 1	0 0	....
180	0 6	0 4	0 3	0 2	....
185	....	....	....	....	0 0
190	0 8	0 6	0 5	0 3	0 1
200	0 10	0 8	0 7	0 5	0 2
210	1 0	0 10	0 8	0 7	0 4
220	1 2	1 0	0 10	0 9	0 6
230	1 4	1 2	1 0	0 10	0 7
240	1 6	1 4	1 2	1 0	0 9
250	1 8	1 6	1 4	1 2	0 11
260	1 10	1 8	1 6	1 4	1 0
270	2 0	1 10	1 8	1 6	1 1
280	2 3	2 0	1 10	1 8	1 3
290	2 5	2 2	2 0	1 10	1 5
300	2 8	2 5	2 2	2 0	1 7
310	2 10	2 7	2 4	2 1	1 9
320	3 0	2 9	2 6	2 3	1 11

Distances de la batterie.	Vîtesses initiales du Boulet.				
	925 pi.	950 pi.	975 pi.	1000 pi.	1050 pi.
	Hausses.	*Hausses.*	*Hausses.*	*Hausses.*	*Hausses.*
toises.	po. li.	po. li.	po. li.	po. li.	po. li.
330	3 3	3 0	2 8	2 6	2 1
340	3 5	3 2	2 11	2 8	2 3
350	3 8	3 4	3 1	2 10	2 5
360	3 10	3 6	3 3	3 0	2 6
370	4 1	3 9	3 6	3 2	2 8
380	4 3	3 11	3 8	3 4	2 11
390	4 6	4 2	3 11	3 7	3 1
400	4 9	4 5	4 1	3 9	3 3
410	5 0	4 7	4 3	3 11	3 5
420	5 2	4 10	4 6	4 1	3 7
430	5 5	5 0	4 8	4 4	3 9
440	5 8	5 3	4 11	4 6	3 11
450	5 11	5 6	5 1	4 9	4 1
460	6 1	5 8	5 4	4 11	4 3
470	6 4	5 11	5 6	5 2	4 6
480	6 7	6 2	5 9	5 4	4 8
490	6 10	6 5	6 0	5 7	4 11
500	7 1	6 8	6 2	5 9	5 1

Distances de la batterie.	Vîteſſes initiales du Boulet.									
	1100 pi.		1150 pi.		1200 pi.		1250 pi.		1300 pi.	
	Hauſſes.		*Hauſſes.*		*Hauſſes.*		*Hauſſes.*		*Hauſſes.*	
toiſes.	po.	li.	po.	li.	po.	li.	po.	li.	po.	li.
201	0	0	....		....		....		....	
216	....		0	0	....		....		....	
220	0	3	0	0	....		....		....	
232	....		....		0	0	....		....	
240	0	6	0	3	0	1	....		....	
248	....		....		....		0	0	....	
260	0	9	0	6	0	4	0	1	....	
264	....		....		....		....		0	0
280	1	0	0	9	0	6	0	4	0	2
300	1	3	1	0	0	9	0	6	0	4
320	1	6	1	3	1	0	0	9	0	6
340	1	10	1	6	1	3	0	11	0	9
360	2	1	1	9	1	6	1	2	0	11
380	2	5	2	1	1	9	1	5	1	2
400	2	9	2	4	2	0	1	8	1	5
420	3	1	2	7	2	3	1	11	1	8
440	3	5	2	10	2	6	2	2	1	10
460	3	9	3	2	2	9	2	5	2	1
480	4	1	3	6	3	0	2	8	2	4
500	4	5	3	9	3	4	3	0	2	7

Distances de la batterie.	Vîtesses initiales du Boulet.									
	1350 pi.		1400 pi.		1450 pi.		1500 pi.		1550 pi.	
	Hausses.		*Hausses.*		*Hausses.*		*Hausses.*		*Hausses.*	
toises.	po.	li.	po.	li.	po.	li.	po.	li.	po.	li.
281	0	0	....		....		....		....	
298	....		0	0	....		....		....	
300	0	2	0	0	....		....		....	
315	....		....		0	0	....		....	
320	0	4	0	2	0	0	....		....	
332	....		....		....		0	0	....	
340	0	6	0	4	0	2	0	1	....	
350	....		....		....		....		0	0
360	0	9	0	7	0	4	0	3	0	1
380	0	11	0	9	0	6	0	4	0	3
400	1	2	0	11	0	9	0	6	0	5
420	1	4	1	1	0	11	0	9	0	7
440	1	7	1	4	1	1	0	11	0	9
460	1	10	1	6	1	3	1	1	0	11
480	2	1	1	9	1	6	1	3	1	1
500	2	4	2	0	1	9	1	6	1	3
550	2	10	2	6	2	3	1	11	1	9
600	3	6	3	1	2	9	2	5	2	2
650	4	2	3	9	3	4	3	0	2	8
700	4	11	4	5	4	0	3	7	3	2
750	5	7	5	1	4	7	4	2	3	9
800	6	5	5	10	5	3	4	10	4	4

Distances de la batterie.	Vîtesses initiales du Boulet.				
	1600 pi.	1650 pi.			
	Hausses.	*Hausses.*			
toises.	po. li.	po. li.			
368	0 0	....			
380	0 1	....			
386	....	0 0			
400	0 3	0 1			
420	0 5	0 3			
440	0 6	0 5			
460	0 8	0 6			
480	0 10	0 8			
500	1 0	0 10			
550	1 5	1 3			
600	1 11	1 8			
650	2 5	2 1			
700	2 11	2 7			
750	3 5	3 1			
800	4 0	3 7			

PIECE DE 8, longue.

Table des Vîteſſes du Boulet de 8, réſultantes des charges des différentes eſpeces de Poudres, dont la qualité eſt indiquée par la portée du Mortier à éprouver les Poudres, chargé de 3 onces.

CHARGES de POUDRE.	Portées du Mortier d'épreuve.						
	to. 90	to. 95	to. 100	to. 105	to. 110	to. 115	to. 120
	Vîteſſes initiales du Boulet.						
livres.	pi.	pi.	pi.	pi.	pi.	pi.	pi.
$\frac{1}{2}$	592	608	624	640	655	669	684
$\frac{3}{4}$	764	785	805	825	844	863	882
1	887	911	935	958	980	1002	1024
1 $\frac{1}{2}$	1027	1055	1082	1109	1135	1161	1186
2	1124	1155	1185	1214	1243	1271	1298
2 $\frac{1}{2}$	1203	1236	1268	1300	1330	1360	1389
3	1239	1273	1306	1338	1370	1400	1430

CHARGES de POUDRE.	Portée du Mort. d'épr.				LONGUEURS des Charges DANS LE CANON.		
	to. 125*	to. 130	to. 135	to. 140			
	Vîteſſes init. du Boulet.						
livres.	pi.	pi.	pi.	pi.	po.	li.	pts.
$\frac{1}{2}$	698	712	725	738	1	1	11
$\frac{3}{4}$	900	918	935	952	1	8	10
1	1045	1066	1086	1106	2	3	10
1 $\frac{1}{2}$	1210	1234	1257	1280	3	5	9
2	1325	1351	1377	1402	4	7	8
2 $\frac{1}{2}$	1418	1446	1474	1501	5	9	7
3	1460	1489	1517	1545	6	11	6

* Les vîteſſes de cette colonne ont été trouvées par l'expérience, & les autres en ont été déduites par le calcul.

PIECE DE 8, longue.

TABLE des Vîteſſes qui reſtent au Boulet de 8, à différentes diſtances du Canon.

VITESSES initiales du BOULET	Diſtances du Canon.				
	to. 50	to. 100	to. 150	to. 200	to. 250
	Vîteſſes reſtantes.				
pi.	pi.	pi.	pi.	pi.	pi.
650	606	565	526	491	457
700	652	608	567	528	493
750	699	652	607	566	528
800	746	695	648	604	563
850	792	739	688	642	598
900	839	782	729	679	633
950	886	825	769	717	669
1000	932	869	810	755	704
1050	979	912	850	793	739
1100	1025	956	891	830	774
1150	1072	999	931	868	809
1200	1119	1043	972	906	844
1250	1165	1086	1012	944	880
1300	1212	1130	1053	981	915
1350	1258	1173	1093	1019	950
1400	1305	1216	1134	1057	985
1450	1352	1260	1174	1095	1020
1500	1398	1303	1215	1132	1056

VITESSES initiales du BOULET	Distances du Canon.				
	to. 300	to. 350	to. 400	to. 450	to. 500
	Vitesses restantes.				
pi.	pi.	pi.	pi.	pi.	pi.
650	426	397	370	345	322
700	459	428	399	372	347
750	492	459	427	398	371
800	525	489	456	425	396
850	558	520	484	452	421
900	590	550	513	478	446
950	623	581	541	505	470
1000	656	611	570	531	495
1050	689	642	598	558	520
1100	722	673	627	584	545
1150	754	703	655	611	570
1200	787	734	684	638	594
1250	820	764	712	664	619
1300	853	795	741	691	644
1350	886	825	769	717	669
1400	918	856	798	744	693
1450	951	887	826	770	718
1500	984	917	855	797	743

PIECE DE 8, longue.

TABLE des Quantités dont la piece de 8, longue, doit être pointée au dessous du but, relativement aux vîtesses initiales du Boulet, & aux distances de la batterie au but, lorsque ces distances sont moindres que la portée du but en blanc naturel de la pièce.

VITESSES initiales.	DISTANCES de la batterie.	QUANTITÉS dont il faut pointer plus bas que le but.
pieds.	toises.	pi. po. li.
675	10	0 . . . 7 . . . 5
	20	1 . . . 4 . . . 5
	30	1 . . 10 . . . 2
	40	2 . . . 0 . . . 9
	60	1 . . . 7 . . . 8
	80	Portée de but en blanc.
700	10	0 . . . 7 . . . 7
	20	1 . . . 4 . . . 8
	30	1 . . 11 . . . 0
	40	2 . . . 2 . . . 6
	60	1 . . 11 . . . 9
	80	0 . . . 7 . . 10
	86	Portée de but en blanc.
725	20	1 . . . 5 . . . 2
	30	1 . . 11 . . 10
	40	2 . . . 4 . . . 1
	60	2 . . . 3 . . . 4
	80	1 . . . 2 . . . 0
	92	Portée de but en blanc.
750	20	1 . . . 5 . . . 5
	30	2 . . . 0 . . . 7
	40	2 . . . 5 . . . 3

VITESSES initiales.	DISTANCES de la batterie.	QUANTITÉS dont il faut pointer plus bas que le but.
pieds.	toises.	pi. po. li.
750	60	2 . . . 6 . . . 6
	80	1 . . . 7 . . 10
	98	Portée de but en blanc.
775	20	1 . . . 5 . . . 9
	30	2 . . . 1 . . . 4
	40	2 . . . 6 . . . 6
	60	2 . . . 9 . . . 1
	80	2 . . . 1 . . . 1
	100	0 . . . 5 . . . 2
	104	Portée de but en blanc.
800	20	1 . . . 6 . . . 0
	30	2 . . . 1 . . 11
	40	2 . . . 7 . . . 8
	60	2 . . 11 . . . 8
	80	2 . . . 5 . . 10
	100	1 . . . 0 . . . 8
	110	Portée de but en blanc.
825	20	1 . . . 6 . . . 4
	30	2 . . . 2 . . . 6
	40	2 . . . 8 . . 11
	60	3 . . . 1 . . 11
	80	2 . . . 9 . . 11
	100	1 . . . 7 . . 10
	116	Portée de but en blanc.
850	20	1 . . . 6 . . . 6
	30	2 . . . 3 . . . 1
	40	2 . . . 9 . . . 9
	60	3 . . . 4 . . . 7
	80	3 . . . 2 . . . 0
	100	2 . . . 2 . . . 2
	120	0 . . . 3 . . 10
	122	Portée de but en blanc.

VITESSES initiales.	DISTANCES de la batterie.	QUANTITÉS dont il faut pointer plus bas que le but.
pieds.	toises.	pi. po. li.
875	20	1 . . . 6 . . . 9
	30	2 . . . 3 . . . 7
	40	2 . . 10 . . . 7
	60	3 . . . 6 . . . 0
	80	3 . . . 5 . . . 9
	100	2 . . . 8 . . . 1
	120	1 . . . 0 . . . 4
	129	Portée de but en blanc.
900	20	1 . . . 6 . . 11
	30	2 . . . 4 . . . 0
	40	2 . . 11 . . . 5
	60	3 . . . 8 . . . 3
	80	3 . . . 9 . . . 0
	100	3 . . . 1 . . . 5
	120	1 . . . 8 . . . 2
	135	Portée de but en blanc.
925	20	1 . . . 7 . . . 1
	30	2 . . . 4 . . . 4
	40	3 . . . 0 . . . 1
	60	3 . . . 9 . . . 6
	80	4 . . . 0 . . . 1
	100	3 . . . 6 . . . 1
	120	2 . . . 3 . . . 4
	140	0 . . . 3 . . . 1
	142	Portée de but en blanc.
950	20	1 . . . 7 . . . 2
	30	2 . . . 4 . . . 8
	40	3 . . . 0 . . . 9
	60	3 . . 11 . . . 0
	80	4 . . . 3 . . . 0
	100	3 . . 10 . . . 7
	120	2 . . . 9 . . 11
	140	1 . . . 0 . . . 6

VITESSES initiales.	DISTANCES de la batterie.	QUANTITÉS dont il faut pointer plus bas que le but.
pieds.	toises.	pi. po. li.
950	149	Portée de but en blanc.
975	20	1 . . . 7 . . . 5
	30	2 . . . 5 . . . 3
	40	3 . . . 1 . . . 4
	60	4 . . . 0 . . . 6
	80	4 . . . 5 . . . 9
	100	4 . . . 2 . . . 5
	120	3 . . . 4 . . . 2
	140	1 . . . 9 . . . 6
	156	Portée de but en blanc.
1000	30	2 . . . 5 . . . 5
	40	3 . . . 1 . . 11
	60	4 . . . 1 . . 10
	80	4 . . . 8 . . . 1
	100	4 . . . 6 . . 10
	120	3 . . . 9 . . 11
	140	2 . . . 5 . . . 5
	160	0 . . . 4 . . 10
	163	Portée de but en blanc.
1050	30	2 . . . 6 . . . 0
	40	3 . . . 2 . . 10
	60	4 . . . 4 . . . 4
	80	5 . . . 0 . . . 3
	100	5 . . . 0 . . . 5
	120	4 . . . 8 . . . 5
	140	3 . . . 8 . . . 0
	160	1 . . 11 . . 10
	177	Portée de but en blanc.
1100	30	2 . . . 6 . . . 6
	40	3 . . . 3 . . . 9
	60	4 . . . 6 . . . 7
	80	5 . . . 3 . . 10

VITESSES initiales.	DISTANCES de la batterie.	QUANTITÉS dont il faut pointer plus bas que le but.
pieds.	toises.	pi. po. li.
1100	100	5 . . . 6 . . . 5
	120	5 . . . 4 . . 11
	140	4 . . . 8 . . . 5
	160	3 . . . 4 . . . 7
	180	1 . . . 5 . . . 5
	192	Portée de but en blanc.
1150	30	2 . . . 6 . . 10
	40	3 . . . 4 . . . 7
	60	4 . . . 8 . . . 5
	80	5 . . . 7 . . . 2
	100	6 . . . 0 . . . 0
	120	6 . . . 0 . . . 9
	140	5 . . . 6 . . 10
	160	4 . . . 6 . . 11
	180	3 . . . 0 . . . 3
	200	0 . . 10 . . . 5
	206	Portée de but en blanc.
1200	30	2 . . . 7 . . . 2
	40	3 . . . 5 . . . 2
	60	4 . . 10 . . . 2
	80	5 . . 10 . . . 1
	100	6 . . . 5 . . . 0
	120	6 . . . 7 . . . 8
	140	6 . . . 4 . . . 2
	160	5 . . . 6 . . 10
	180	4 . . . 4 . . . 4
	200	2 . . . 7 . . . 4
	220	0 . . . 1 . . . 8
	221	Portée de but en blanc.
1250	40	3 . . . 5 . . . 9
	60	4 . . 11 . . . 6
	80	6 . . . 0 . . 10
	100	6 . . . 9 . . . 4

VITESSES initiales.	DISTANCES de la batterie.	QUANTITÉS dont il faut pointer plus bas que le but.
pieds.	toises.	pi. . . . po. . . . li.
1250	120	7 . . . 1 . . . 5
	140	7 . . . 0 . . . 7
	160	6 . . . 6 . . . 3
	180	5 . . . 6 . . . 6
	200	4 . . . 1 . . . 2
	220	2 . . . 0 . . . 7
	236	Portée de but en blanc.
1300	40	3 . . . 6 . . . 4
	60	5 . . . 0 . . . 9
	80	6 . . . 3 . . . 4
	100	7 . . . 1 . . . 1
	120	7 . . . 6 . . . 7
	140	7 . . . 8 . . . 0
	160	7 . . . 4 . . . 4
	180	6 . . . 7 . . . 2
	200	5 . . . 4 . . . 7
	220	3 . . . 8 . . . 3
	240	1 . . . 5 . . 10
	252	Portée de but en blanc.
1350	40	3 . . . 6 . . 11
	60	5 . . . 1 . . 10
	80	6 . . . 5 . . . 3
	100	7 . . . 4 . . . 1
	120	7 . . 11 . . . 6
	140	8 . . . 2 . . . 2
	160	8 . . . 1 . . . 4
	180	7 . . . 7 . . . 4
	200	6 . . . 6 . . 10
	220	5 . . . 2 . . . 3
	240	3 . . . 3 . . . 4
	260	0 . . 11 . . . 8
	268	Portée de but en blanc.

VITESSES initiales.	DISTANCES de la batterie.	QUANTITÉS dont il faut pointer plus bas que le but.
pieds.	toises.	pi. po. li.
1400	40	3 . . . 7 . . . 5
	60	5 . . . 2 . . . 9
	80	6 . . . 6 . . 11
	100	7 . . . 6 . . 11
	120	8 . . . 3 . . . 9
	140	8 . . . 8 . . . 2
	160	8 . . . 9 . . . 0
	180	8 . . . 4 . . 10
	200	7 . . . 8 . . . 3
	220	6 . . . 6 . . . 9
	240	4 . . 11 . . . 0
	260	2 . . 10 . . 11
	280	0 . . . 6 . . . 3
	284	Portée de but en blanc.
1450	40	3 . . . 8 . . . 0
	60	5 . . . 3 . . . 7
	80	6 . . . 8 . . . 5
	100	7 . . . 9 . . . 9
	140	9 . . . 1 . . . 8
	180	9 . . . 1 . . 11
	200	8 . . . 8 . . . 5
	220	7 . . . 9 . . . 7
	260	4 . . . 8 . . . 4
	280	2 . . . 7 . . . 4
	300	Portée de but en blanc.
1500	40	3 . . . 8 . . . 2
	60	5 . . . 4 . . . 5
	80	6 . . . 9 . . . 9
	100	8 . . . 0 . . . 3
	140	9 . . . 6 . . 10
	180	9 . . 10 . . . 2
	200	9 . . . 8 . . . 5
	220	8 . . . 9 . . . 0

VITESSES initiales.	DISTANCES de la batterie.	QUANTITÉS dont il faut poînter plus bas que le but.
pieds.	toises.	pi. po. li.
	260	6 . . . 3 . . . 7
1500	300	2 . . . 0 . . . 7
	316	Portée de but en blanc.

PIECE DE 8, longue.

TABLE des Hausses à employer pour se procurer un but en blanc artificiel, relatif aux vîtesses initiales du Boulet, & aux distances de la Batterie au but, lorsque ces distances sont plus grandes que la portée du but en blanc naturel de la piece.

Distances de la batterie.	Vîtesses initiales du Boulet.				
	675 pi.	700 pi.	725 pi.	750 pi.	775 pi.
	Hausses.	*Hausses.*	*Hausses.*	*Hausses.*	*Hausses.*
toises.	po. li.	po. li.	po. li.	po. li.	po. li.
80	0 0	....	....	....	....
86	....	0 0	....	....	....
92	....	....	0 0	....	....
98	....	....	....	0 0	....
100	0 6	0 4	0 2	0 0	....
104	....	....	....	....	0 0
110	0 9	0 6	0 5	0 3	0 2
120	1 0	0 9	0 7	0 5	0 4
130	1 3	1 0	0 10	0 8	0 6
140	1 6	1 3	1 1	0 10	0 9
150	1 9	1 6	1 3	1 1	0 11
160	2 0	1 9	1 6	1 4	1 1
170	2 4	2 0	1 9	1 7	1 4

Distances de la batterie.	Vîtesses initiales du Boulet.				
	675 pi.	700 pi.	725 pi.	750 pi.	775 pi.
	Hausses.	*Hausses.*	*Hausses.*	*Hausses.*	*Hausses.*
toises.	po. li.	po. li.	po. li.	po. li.	po. li.
180	2 7	2 3	2 0	1 9	1 6
190	2 11	2 6	2 3	2 0	1 9
200	3 2	2 10	2 6	2 3	2 0
210	3 5	3 1	2 9	2 6	2 2
220	3 9	3 4	3 0	2 9	2 5
230	4 1	3 8	3 3	3 0	2 8
240	4 5	3 11	3 7	3 3	2 11
250	4 9	4 3	3 10	3 6	3 2
260	5 0	4 7	4 1	3 9	3 5
270	5 4	4 11	4 5	4 0	3 8
280	5 9	5 2	4 9	4 3	3 11
290	6 1	5 6	5 1	4 7	4 2
300	6 5	5 10	5 4	4 11	4 5
310	6 9	6 2	5 8	5 2	4 8
320	7 1	6 6	5 11	5 5	5 0
330	7 6	6 10	6 3	5 9	5 3
340	7 11	7 2	6 7	6 0	5 7
350	8 3	7 6	6 11	6 4	5 10
360	8 8	7 11	7 3	6 8	6 1
370	9 0	8 3	7 7	7 0	6 5
380	9 5	8 8	7 11	7 4	6 9
390	9 10	9 0	8 3	7 7	7 0
400	10 3	9 5	8 8	7 11	7 4

Distances de la batterie.	Vîtesses initiales du Boulet.									
	800 pi.		825 pi.		850 pi.		875 pi.		900 pi.	
	Hausses.		*Hausses.*		*Hausses.*		*Hausses.*		*Hausses.*	
toises.	po.	li.	po.	li.	po.	li.	po.	li.	po.	li.
110	0	0	....		....		....		....	
116	....		0	0	....		....		....	
120	0	2	0	1	....		....		....	
122	....		....		0	0	....		....	
129	....		....		....		0	0	....	
135	....		....		....		....		0	0
140	0	7	0	5	0	3	0	2	0	1
160	0	11	0	9	0	7	0	6	0	4
180	1	4	1	1	0	11	0	10	0	8
200	1	9	1	6	1	4	1	2	1	0
220	2	2	1	11	1	9	1	6	1	4
240	2	7	2	4	2	1	1	11	1	8
260	3	1	2	10	2	6	2	3	2	1
280	3	7	3	3	2	11	2	8	2	5
300	4	1	3	9	3	5	3	1	2	10
320	4	7	4	2	3	11	3	6	3	3
340	5	1	4	8	4	4	3	11	3	8
360	5	8	5	2	4	10	4	5	4	1
380	6	2	5	9	5	3	4	11	4	6
400	6	9	6	3	5	9	5	4	5	0

Distances de la batterie.	Vîtesses initiales du Boulet.				
	925 pi.	950 pi.	975 pi.	1000 pi.	1050 pi.
	Hausses.	*Hausses.*	*Hausses.*	*Hausses.*	*Hausses.*
toises.	po. li.	po. li.	po. li.	po. li.	po. li.
142	0 0	....	....	....	....
149	....	0 0	....	....	....
156	....	....	0 0	....	....
160	0 3	0 2	0 1	....	....
163	....	....	....	0 0	....
177	....	....	....	....	0 0
180	0 7	0 5	0 4	0 2	0 0
200	0 11	0 9	0 7	0 6	0 3
220	1 2	1 1	0 11	0 9	0 6
240	1 6	1 4	1 2	1 0	0 9
260	1 11	1 8	1 6	1 4	1 1
280	2 3	2 0	1 10	1 8	1 4
300	2 7	2 4	2 2	1 11	1 7
320	3 0	2 8	2 6	2 3	1 11
340	3 4	3 1	2 10	2 7	2 3
360	3 9	3 6	3 3	3 0	2 6
380	4 2	3 11	3 7	3 4	2 10
400	4 7	4 3	4 0	3 8	3 2
420	5 0	4 8	4 4	4 0	3 6
440	5 6	5 1	4 8	4 5	3 10
460	5 11	5 6	5 0	4 9	4 2

Distances de la batterie.	Vîtesses initiales du Boulet.				
	1100 pi.	1150 pi.	1200 pi.	1250 pi.	1300 pi.
	Hausses.	*Hausses.*	*Hausses.*	*Hausses.*	*Hausses.*
toises.	po. li.	po. li.	po. li.	po. li.	po. li.
192	0 0	....	....	....	....
200	0 1	....	....	....	....
206	....	0 0	....	....	....
220	0 4	0 2	....	....	....
221	....	....	0 0	....	....
236	....	....	....	0 0	....
240	0 7	0 4	0 2	0 0	....
252	....	....	....	....	0 0
260	0 10	0 7	0 4	0 2	0 1
280	1 1	0 10	0 7	0 5	0 3
300	1 4	1 1	0 10	0 7	0 5
320	1 7	1 4	1 0	0 10	0 7
340	1 10	1 7	1 3	1 0	0 10
360	2 2	1 10	1 6	1 3	1 0
380	2 5	2 1	1 9	1 6	1 3
400	2 9	2 4	2 0	1 9	1 6
420	3 0	2 7	2 3	2 0	1 8
440	3 4	2 11	2 6	2 2	1 11
460	3 8	3 2	2 9	2 5	2 1
480	4 0	3 5	3 0	2 8	2 4
500	4 4	3 9	3 3	2 10	2 7

Distances de la batterie.	Vîtesses initiales du Boulet.							
	1350 pi.		1400 pi.		1450 pi.		1500 pi.	
	Hausses.		Hausses.		Hausses.		Hausses.	
toises.	po.	li.	po.	li.	po.	li.	po.	li.
268	0	0	....		....		....	
280	0	1	....		....		....	
284	....		0	0	....		....	
300	0	3	0	2	0	0	....	
316	....		....		....		0	0
320	0	6	0	4	0	2	0	0
340	0	8	0	6	0	4	0	2
360	0	10	0	8	0	6	0	4
380	1	0	0	10	0	8	0	6
400	1	3	1	0	0	10	0	8
420	1	5	1	2	1	0	0	10
440	1	8	1	5	1	2	1	0
460	1	10	1	7	1	4	1	2
480	2	0	1	9	1	7	1	4
500	2	3	2	0	1	9	1	6
550	2	11	2	7	2	3	2	0
600	3	6	3	2	2	10	2	6
650	4	2	3	9	3	5	3	0
700	4	11	4	5	4	0	3	7

PIECE DE 4, longue.

TABLE des Vîtesses du Boulet de 4, résultantes des charges des différentes especes de Poudres, dont la qualité est indiquée par la portée du Mortier à éprouver les Poudres, chargé de 3 onces.

CHARGES de POUDRE.	Portées du Mortier d'épreuve.						
	to. 90	to. 95	to. 100	to. 105	to. 110	to. 115	to. 120
	Vîtesses initiales du Boulet.						
livres.	pi.	pi.	pi.	pi.	pi.	pi.	pi.
½	785	806	827	848	868	887	906
¾	1014	1042	1069	1095	1121	1146	1171
1	1133	1164	1194	1224	1252	1280	1308
1 ½	1280	1315	1349	1382	1415	1446	1477

CHARGES de POUDRE.	Portée du Mort. d'épr.				LONGUEURS des Charges DANS LE CANON.		
	to. 125*	to. 130	to. 135	to. 140			
	Vîtesses init. du Boulet.						
livres.	pi.	pi.	pi.	pi.	po.	li.	pts.
½	925	943	961	979	1	10	2
¾	1195	1219	1242	1265	2	9	3
1	1335	1361	1387	1413	3	8	4
1 ½	1508	1538	1567	1596	5	6	6

* Les vîtesses de cette colonne ont été trouvées par l'expérience, & les autres en ont été déduites par le calcul.

PIECE DE 4, longue.

TABLE des Vîtesses qui restent au Boulet de 4, à différentes distances du Canon.

Vîtesses initiales du Boulet	Distances du Canon.							
	to. 50	to. 100	to. 150	to. 200	to. 250	to. 300	to. 350	to. 400
	Vîtesses restantes.							
pi.	pi.	pi.	pi.	pi.	pi.	pi.	pi.	pi.
900	824	754	690	631	578	529	484	443
950	869	796	728	666	610	558	511	467
1000	915	838	766	701	642	587	538	492
1050	961	879	805	737	674	617	565	517
1100	1007	921	843	772	706	646	591	541
1150	1052	963	881	807	738	676	618	566
1200	1098	1005	920	842	770	705	645	590
1250	1144	1047	958	877	802	734	672	615
1300	1190	1089	996	912	835	764	699	640
1350	1235	1131	1035	947	867	793	726	664
1400	1281	1173	1073	982	899	822	753	689
1450	1327	1214	1111	1017	931	852	780	713
1500	1373	1256	1150	1052	963	881	806	738

PIECE DE 4, longue.

TABLE des Quantités dont la piece de 4, longue, doit être pointée au dessous du but, relativement aux vîtesses initiales du Boulet, & aux distances de la batterie au but, lorsque ces distances sont moindres que la portée du but en blanc naturel de la piece.

VITESSES initiales.	DISTANCES de la batterie.	QUANTITÉS dont il faut pointer plus bas que le but.
pieds.	toises.	pi. po. li.
900	20	1 . . . 6 . . . 2
	30	2 . . . 3 . . . 2
	40	2 . . . 9 . . . 9
	60	3 . . 10 . . 10
	80	3 . . . 3 . . 10
	100	2 . . . 5 . . . 5
	120	0 . . . 9 . . . 2
	126	Portée de but en blanc.
925	20	1 . . . 6 . . 10
	30	2 . . . 3 . . . 7
	40	2 . . 10 . . . 6
	60	4 . . . 0 . . . 3
	80	3 . . . 7 . . . 0
	100	2 . . 10 . . . 6
	120	1 . . . 4 . . . 8
	132	Portée de but en blanc.
950	20	1 . . . 7 . . . 0
	30	2 . . . 3 . . 11
	40	2 . . 11 . . . 2
	60	4 . . . 1 . . . 6
	80	4 . . . 5 . . . 2
	100	3 . . . 3 . . . 2

VITESSES initiales.	DISTANCES de la batterie.	QUANTITÉS dont il faut pointer plus bas que le but.
pieds.	toises.	pie. po. li.
950	120	1 . . 11 . . . 7
	139	Portée de but en blanc.
975	20	1 . . . 7 . . . 2
	30	2 . . . 4 . . . 3
	40	2 . . 11 . . 10
	60	4 . . . 2 . . . 8
	80	4 . . . 7 . . . 6
	100	3 . . . 7 . . . 8
	120	2 . . . 5 . . 11
	140	0 . . . 7 . . 11
	145	Portée de but en blanc.
1000	30	2 . . . 4 . . . 7
	40	3 . . . 0 . . . 5
	60	4 . . . 3 . . . 9
	80	4 . . . 9 . . . 7
	100	3 . . 11 . . . 5
	120	2 . . 11 . . 10
	140	1 . . . 4 . . . 2
	152	Portée de but en blanc.
1050	30	2 . . . 5 . . . 2
	40	3 . . . 1 . . . 5
	60	4 . . . 5 . . . 9
	80	5 . . . 1 . . . 5
	100	4 . . . 6 . . . 7
	120	3 . . 10 . . . 5
	140	2 . . . 7 . . . 0
	160	0 . . . 6 . . . 6
	164	Portée de but en blanc.
1100	30	2 . . . 5 . . . 8
	40	3 . . . 2 . . . 4
	60	4 . . . 7 . . . 6
	80	5 . . . 4 . . . 9

VITESSES initiales.	DISTANCES de la batterie.	QUANTITÉS dont il faut pointer plus bas que le but.		
pieds.	toises.	pi.	po.	li.
1100	100	5	0	9
	120	4	7	8
	140	3	7	9
	160	1	11	9
	177	Portée de but en blanc.		
1150	30	2	6	1
	40	3	3	1
	60	4	9	0
	80	5	7	7
	100	5	6	2
	120	5	3	8
	140	4	7	0
	160	3	2	10
	180	1	3	8
	191	Portée de but en blanc.		
1200	30	2	6	6
	40	3	3	9
	60	4	10	4
	80	5	10	2
	100	5	10	11
	120	5	10	8
	140	5	4	10
	160	4	4	1
	180	2	8	10
	200	0	6	6
	205	Portée de but en blanc.		
1250	40	3	4	5
	60	4	11	6
	80	5	5	2
	100	6	3	1
	120	6	4	10
	140	6	1	5
	160	5	3	9

VITESSES initiales.	DISTANCES de la batterie.	QUANTITÉS dont il faut pointer plus bas que le but.
pieds.	toises.	pi. po. li.
1250	180	4 . . . 0 . . . 0
	200	2 . . . 1 . . 10
	218	Portée de but en blanc.
1300	40	3 . . . 4 . . 11
	60	5 . . . 0 . . . 6
	80	6 . . . 2 . . . 4
	100	6 . . . 6 . . . 9
	120	6 . . 10 . . . 5
	140	6 . . . 9 . . . 2
	160	6 . . . 2 . . . 1
	180	5 . . . 1 . . . 5
	200	3 . . . 6 . . . 3
	220	1 . . . 6 . . . 0
	232	Portée de but en blanc.
1350	40	3 . . . 5 . . . 5
	60	5 . . . 1 . . . 5
	80	6 . . . 4 . . . 1
	100	6 . . 10 . . . 1
	120	7 . . . 3 . . . 3
	140	7 . . . 4 . . . 0
	160	6 . . 11 . . . 3
	180	6 . . . 1 . . . 5
	200	4 . . 10 . . . 1
	220	3 . . . 0 . . . 9
	240	0 . . . 9 . . . 3
	246	Portée de but en blanc.
1400	40	3 . . . 5 . . 10
	60	5 . . . 2 . . . 3
	80	6 . . . 5 . . . 9
	100	7 . . . 1 . . . 1
	120	7 . . . 7 . . . 8
	140	7 . . 10 . . . 1
	160	7 . . . 7 . . . 7

VITESSES initiales.	DISTANCES de la batterie.	QUANTITÉS dont il faut pointer plus bas que le but.
pieds.	toiſes.	pi. po. li.
	180	7 . . . 0 . . . 0
	200	5 . . 11 . . . 8
1400	220	4 . . . 5 . . . 8
	240	2 . . . 5 . . 11
	260	Portée de but en blanc.
	40	3 . . . 6 . . . 3
	60	5 . . . 3 . . . 0
	80	6 . . . 7 . . . 2
	100	7 . . . 3 . . . 9
	140	8 . . . 3 . . . 8
1450	180	7 . . . 9 . . 10
	200	6 . . 11 . . 11
	220	5 . . . 8 . . 11
	260	1 . . 10 . . . 4
	274	Portée de but en blanc.
	40	3 . . . 6 . . . 5
	60	5 . . . 3 . . . 8
	80	6 . . . 8 . . . 5
	100	7 . . . 6 . . . 0
	140	8 . . . 8 . . . 7
1500	180	8 . . . 6 . . . 6
	200	7 . . 10 . . 11
	220	6 . . 10 . . . 7
	260	2 . . . 9 . . . 8
	280	1 . . . 2 . . . 2
	289	Portée de but en blanc.

PIÈCE DE 4, longue.

TABLE des Hausses à employer pour se procurer un but en blanc artificiel, relatif aux vîtesses initiales du Boulet, & aux distances de la Batterie au but, lorsque ces distances sont plus grandes que la portée du but en blanc naturel de la piece.

Distances de la batterie.	Vîtesses initiales du Boulet.				
	900 pi.	925 pi.	950 pi.	975 pi.	1000 pi.
	Hausses.	*Hausses.*	*Hausses.*	*Hausses.*	*Hausses.*
toises.	po. li.	po. li.	po. li.	po. li.	po. li.
126	0 0	....	....	....	....
132	....	0 0	....	....	....
139	....	....	0 0	....	....
140	0 2	0 1	0 0	....	....
145	....	....	....	0 0	....
152	....	....	....	....	0 0
160	0 5	0 4	0 3	0 2	0 1
180	0 9	0 7	0 6	0 5	0 4
200	1 0	0 11	0 9	0 8	0 7
220	1 4	1 2	1 0	0 11	0 10
240	1 8	1 6	1 4	1 2	1 1
260	2 0	1 10	1 8	1 6	1 4
280	2 4	2 2	2 0	1 9	1 7
300	2 8	2 6	2 3	2 1	1 11
320	3 1	2 10	2 7	2 5	2 2
340	3 6	3 2	2 11	2 9	2 6
360	3 11	3 7	3 4	3 1	2 10
380	4 3	4 0	3 8	3 5	3 2
400	4 8	4 5	4 1	3 9	3 6

Distances de la batterie.	Vîtesses initiales du Boulet.				
	1050 pi.	1100 pi.	1150 pi.	1200 pi.	1250 pi.
	Hausses.	*Hausses.*	*Hausses.*	*Hausses.*	*Hausses.*
toises.	po. li.	po. li.	po. li.	po. li.	po. li.
164	0 0	....	....	....	....
177	....	0 0	....	....	....
180	0 2	0 0	....	....	....
191	....	....	0 0	....	....
200	0 5	0 2	0 1	....	....
205	....	....	....	0 0	....
218	....	....	....	....	0 0
220	0 7	0 5	0 3	0 1	0 0
240	0 10	0 8	0 6	0 4	0 2
260	1 1	0 11	0 8	0 6	0 4
280	1 4	1 1	0 11	0 8	0 6
300	1 7	1 4	1 1	0 11	0 9
320	1 11	1 7	1 4	1 1	0 11
340	2 2	1 10	1 7	1 4	1 1
360	2 6	2 1	1 10	1 6	1 4
380	2 9	2 5	2 1	1 9	1 6
400	3 1	2 8	2 4	2 0	1 9
420	3 5	2 11	2 7	2 3	2 0
440	3 9	3 2	2 10	2 6	2 3
460	4 1	3 5	3 1	2 9	2 5
480	4 6	3 9	3 4	3 0	2 8
500	4 10	4 1	3 7	3 3	2 11

Distances de la batterie.	Vîtesses initiales du Boulet.									
	1300 pi.		1350 pi.		1400 pi.		1450 pi.		1500 pi.	
	Hausses.		*Hausses.*		*Hausses.*		*Hausses.*		*Hausses.*	
toises.	po.	li.	po.	li.	po.	li.	po.	li.	po.	li.
232	0	0	....		....		....		....	
240	0	1	....		....		....		....	
246	....		0	0	....		....		....	
260	0	3	0	1	0	0	....		....	
274	....		....		....		0	0	....	
280	0	5	0	3	0	1	0	0	....	
289	....		....		....		....		0	0
300	0	7	0	5	0	3	0	2	0	1
320	0	9	0	7	0	5	0	4	0	3
340	0	11	0	9	0	7	0	6	0	4
360	1	1	0	11	0	9	0	8	0	6
380	1	4	1	1	0	11	0	10	0	8
400	1	6	1	4	1	1	0	11	0	10
420	1	9	1	6	1	3	1	1	0	11
440	2	0	1	8	1	6	1	3	1	1
460	2	3	1	11	1	9	1	6	1	3
480	2	6	2	1	1	11	1	9	1	6
500	2	9	2	4	2	2	2	0	1	9

PIECES DE BATAILLE.

LES Tables I & II, pour les pieces de bataille, sont les mêmes que pour les pieces longues des mêmes calibres, en observant qu'avec les pieces de bataille, la charge de 4 livres donne au Boulet de 12 une vîtesse initiale de 1442 pieds.

La charge de 2 livres $\frac{1}{2}$ donne au Boulet de 8 une vîtesse initiale de 1422 pieds.

Et la charge de 1 livre $\frac{1}{2}$ donne au Boulet de 4 une vîtesse initiale de 1446 pieds, la Poudre étant de celle dont 3 onces portent le globe du Mortier d'épreuve à 125 toises.

Comme l'évasement de l'ame diminue sensiblement la vîtesse du Boulet, on a indiqué cet effet dans la Table de la page suivante.

PIECES DE BATAILLE.

TABLE des Vîtesses relatives à l'évasement de l'ame des pieces, ou au vent du Boulet, les charges étant d'une Poudre de 125 toises au Mortier d'épreuve.

Vent du Boulet.		Évasement de l'ame des pieces.	12	8	4
			Charge de 4 livres.	Charge de 2 livres ½.	Charge de 1 livre ½.
			Vîtesses.	*Vîtesses.*	*Vîtesses.*
li.	p^ts.	points.	pieds.	pieds.	pieds.
0	0	....	1680	1694	1808
1	0	....	1442	1422	1446
1	1	1	1423	1401	1419
1	2	2	1405	1380	1392
1	3	3	1387	1359	1365
1	4	4	1369	1338	1339
1	5	5	1351	1318	1313
1	6	6	1333	1298	1287
1	7	7	1316	1279	1262
1	8	8	1299	1259	1237
1	9	9	1281	1240	1213
1	10	10	1264	1221	1188
1	11	11	1247	1202	1164
2	0	12	1230	1183	1141
2	1	13	1213	1165	1118
2	2	14	1197	1147	1095
2	3	15	1181	1129	1072
2	4	16	1165	1111	1050
2	5	17	1150	1093	1028
2	6	18	1134	1054	1007

Vîtesse initiale du Boulet.	Distances du Canon au but.	12			8			4		
		Quantités dont il faut pointer plus bas que le but.								
pieds.	toises.	pi.	po.	li.	pi.	po.	li.	pi.	po.	li.
	40	2	8	4	2	9	9	2	10	11
	50	3	2	11	3	3	9	3	4	8
	60	3	7	3	3	8	0	3	8	10
	70	3	10	0	3	10	9	3	11	3
	80	3	11	1	3	11	8	3	11	10
	100	3	7	10	3	8	4	3	5	0
	120	2	10	1	2	9	6	2	7	4
	140	1	4	6	1	3	0	0	10	2
	147	....			....			But en bl.		
	152	....			But en bl.					
	153	But en bl.								
		Hausses.			*Hausses.*			*Hausses.*		
		po.	li.	pts.	po.	li.	pts.	po.	li.	pts.
	160	0	0	9	0	0	10	0	1	1
1000	180	0	3	0	0	2	11	0	2	11
	200	0	5	5	0	5	2	0	4	10
	220	0	7	11	0	7	5	0	6	10
	240	0	10	6	0	9	10	0	8	11
	260	1	1	2	1	0	3	0	11	1
	280	1	3	11	1	2	9	1	1	3
	300	1	6	9	1	5	5	1	3	8
	320	1	9	8	1	8	1	1	6	0
	340	2	0	8	1	10	11	1	8	7
	360	2	3	9	2	1	9	1	11	2
	380	2	6	11	2	4	9	2	1	10
	400	2	10	2	2	7	7	2	4	6
	420	3	1	6	2	10	11	2	7	4
	440	3	4	11	3	2	1	2	10	2
	460	3	8	4	3	5	3	3	1	2
	480	3	11	10	3	8	7	3	4	3
	500	4	3	6	4	0	1	3	7	5

Vîtesse initiale du Boulet.	Distances du Canon au but.	12			8			4		
		Quantités dont il faut pointer plus bas que le but.								
pieds.	toises.	pi.	po.	li.	pi.	po.	li.	pi.	po.	li.
	40	2	10	1	2	10	11	2	11	11
	50	3	4	6	3	5	5	3	6	4
	60	3	9	7	3	10	5	3	11	3
	70	4	1	3	4	2	0	4	2	7
	80	4	3	5	4	4	0	4	4	3
	100	4	4	1	4	3	3	4	2	7
	120	3	8	1	3	7	8	3	5	8
	140	2	6	2	2	5	3	2	1	0
	160	0	9	7	0	5	7	But en bl.		
	165	....			But en bl.					
	167	But en bl.								
		Hausses.			*Hausses.*			*Hausses.*		
		po.	li.	pts.	po.	li.	pts.	po.	li.	pts.
1050	180	0	1	4	0	1	5	0	1	8
	200	0	3	6	0	3	5	0	3	5
	220	0	5	9	0	5	6	0	5	2
	240	0	8	1	0	7	8	0	7	1
	260	0	10	6	0	9	10	0	9	1
	280	1	1	0	1	0	2	0	11	1
	300	1	3	7	1	2	6	1	1	2
	320	1	6	3	1	5	0	1	3	4
	340	1	8	11	1	7	6	1	5	8
	360	1	11	9	1	10	1	1	8	0
	380	2	2	7	2	0	10	1	10	5
	400	2	5	7	2	3	7	2	0	11
	420	2	8	7	2	6	5	2	3	5
	440	2	11	8	2	9	3	2	6	1
	460	3	2	9	3	0	2	2	8	9
	480	3	6	0	3	3	2	2	11	6
	500	3	9	4	3	6	4	3	2	4

Viteſſe initiale du Boulet.	Diſtances du Canon au but.	12			8			4		
		Quantités dont il faut pointer plus bas que le but.								
pieds.	toiſes.	pi.	po.	li.	pi.	po.	li.	pi.	po.	li.
	40	2	11	0	2	11	10	3	0	10
	50	3	5	11	3	6	8	3	7	9
	60	3	11	8	4	0	6	4	1	4
	70	4	4	0	4	4	1	4	5	6
	80	4	7	1	4	7	9	4	8	1
	100	4	8	7	4	9	3	4	8	8
	120	4	5	4	4	4	6	4	2	10
	140	3	6	10	3	8	0	3	1	10
	160	2	1	8	1	11	6	1	5	3
	173	....			....			But en bl.		
	179	....			But en bl.					
	180	0	1	11						
	181	But en bl.								
		Hauſſes.			*Hauſſes.*			*Hauſſes.*		
1100		po.	li.	pts.	po.	li.	pts.	po.	li.	pts.
	200	0	1	10	0	1	11	0	2	1
	220	0	3	11	0	3	10	0	3	9
	240	0	6	0	0	5	9	0	5	6
	260	0	8	3	0	7	9	0	7	3
	280	0	10	6	0	9	10	0	9	2
	300	1	0	9	1	0	0	0	11	1
	320	1	3	3	1	2	4	1	1	1
	340	1	5	9	1	4	7	1	3	1
	360	1	8	3	1	6	11	1	5	3
	380	1	10	11	1	9	5	1	7	5
	400	2	1	7	1	11	11	1	9	8
	420	2	4	4	2	2	6	2	0	0
	440	2	7	2	2	5	1	2	2	5
	460	2	9	11	2	7	9	2	4	10
	480	3	0	10	2	10	6	2	7	5
	500	3	3	11	3	1	4	2	10	0

Vîtesse initiale du Boulet.	Distances du Canon au but.	12			8			4		
		Quantités dont il faut pointer plus bas que le but.								
pieds.	toises.	pi.	po.	li.	pi.	po.	li.	pi.	po.	li.
	40	2	11	9	3	0	7	3	1	7
	50	3	7	2	3	8	0	3	9	0
	60	4	1	5	4	2	3	4	3	2
	70	4	6	6	4	7	4	4	8	0
	80	4	10	4	4	11	0	4	11	6
	100	5	1	9	5	2	5	5	2	2
	120	5	0	5	5	0	3	4	10	10
	140	4	5	0	4	3	2	4	1	1
	160	3	3	7	3	3	8	2	8	4
	180	1	8	1	1	4	11	0	8	4
	186	....			....			But en bl.		
	193	....			But en bl.					
	196	But en bl.								
		Hausses.			*Hausses.*			*Hausses.*		
1150		po.	li.	pts.	po.	li.	pts.	po.	li.	pts.
	200	0	0	5	0	0	7	0	1	0
	220	0	2	3	0	2	4	0	2	6
	240	0	4	2	0	4	2	0	4	1
	260	0	6	3	0	6	0	0	5	9
	280	0	8	4	0	7	11	0	7	5
	300	0	10	5	0	9	10	0	9	2
	320	1	0	8	0	11	11	0	10	11
	340	1	2	11	1	2	0	1	0	10
	360	1	5	3	1	4	2	1	2	10
	380	1	7	8	1	6	5	1	4	10
	400	1	10	1	1	8	8	1	6	11
	420	2	0	7	1	11	1	1	9	1
	440	2	3	1	2	1	6	1	11	3
	460	2	5	8	2	3	11	2	1	5
	480	2	8	5	2	6	5	2	3	9
	500	2	11	2	2	9	0	2	6	2

Viteſſe initiale du Boulet.	Diſtances du Canon au but.	12			8			4		
		Quantités dont il faut pointer plus bas que le but.								
pieds.	toiſes.	pi.	po.	li.	pi.	po.	li.	pi.	po.	li.
	40	3	0	5	3	1	3	3	2	4
	50	3	8	3	3	9	1	3	11	1
	60	4	3	0	4	3	7	4	4	9
	70	4	8	7	4	9	6	4	10	2
	80	5	1	2	5	1	10	5	2	5
	100	5	6	4	5	7	1	5	6	11
	120	5	7	0	5	7	0	5	5	10
	140	5	2	4	5	1	9	4	10	11
	160	4	4	1	4	2	6	3	9	7
	180	3	0	0	2	10	1	2	1	7
	199	....			....			But en bl.		
	200	1	2	0	0	9	8			
	207	....			But en bl.					
	210	But en bl.								
1200		*Hauſſes.*			*Hauſſes.*			*Hauſſes.*		
		po.	li.	pts.	po.	li.	pts.	po.	li.	pts.
	220	0	0	10	0	1	1	0	1	5
	240	0	2	7	0	2	9	0	2	11
	260	0	4	6	0	4	5	0	4	5
	280	0	6	4	0	6	2	0	5	11
	300	0	8	4	0	8	0	0	7	7
	320	0	10	4	0	9	10	0	9	3
	340	1	0	5	0	11	10	0	11	0
	360	1	2	7	1	1	9	1	0	9
	380	1	4	9	1	3	10	1	2	7
	400	1	7	1	1	5	11	1	4	6
	420	1	9	4	1	8	1	1	6	6
	440	1	11	8	1	10	4	1	8	6
	460	2	2	0	2	0	6	1	10	6
	480	2	4	6	2	2	10	2	0	8
	500	2	7	0	2	5	2	2	2	10

Vîtesse initiale du Boulet.	Distances du Canon au but.	12	8	4
		Quantités dont il faut pointer plus bas que le but.		
pieds.	toises.	pi. po. li.	pi. po. li.	pi. po. li.
	40	3 1 0	3 1 10	3 2 11
	50	3 9 2	3 10 1	3 11 1
	60	4 4 4	4 5 3	4 6 2
	70	4 10 6	4 11 4	5 0 2
	80	5 3 7	5 4 5	5 5 0
	100	5 10 2	5 11 2	5 11 2
	120	6 0 11	6 1 0	6 0 5
	140	5 10 5	5 10 1	5 7 7
	160	5 2 11	5 1 7	4 9 2
	180	4 2 1	3 11 8	3 4 9
	200	2 7 9	2 3 10	1 5 9
	212	....	....	But en bl.
	220	0 7 3	0 1 10	
	221	....	But en bl.	
	225	But en bl.		
1250		*Hausses.*	*Hausses.*	*Hausses.*
		po. li. pts.	po. li. pts.	po. li. pts.
	240	0 1 3	0 1 5	0 1 10
	260	0 2 11	0 3 0	0 3 2
	280	0 4 8	0 4 7	0 4 8
	300	0 6 6	0 6 3	0 6 2
	320	0 8 4	0 8 0	0 7 8
	340	0 10 3	0 9 9	0 9 3
	360	1 0 3	0 11 7	0 10 11
	380	1 2 3	1 1 6	1 0 7
	400	1 4 4	1 3 5	1 2 4
	420	1 6 5	1 5 5	1 4 2
	440	1 8 7	1 7 6	1 6 0
	460	1 10 9	1 9 6	1 7 11
	480	2 1 0	1 11 7	1 9 10
	500	2 3 3	2 1 10	1 11 10

Vîtesse initiale du Boulet.	Distances du Canon au but.	12	8	4
		Quantités dont il faut pointer plus bas que le but.		
pieds.	toises.	pi. po. li.	pi. po. li.	pi. po. li.
	40	3 1 6	3 2 5	3 3 5
	60	4 5 7	4 6 5	4 7 5
	80	5 5 10	5 6 8	5 7 4
	100	6 2 2	6 2 8	6 2 10
	120	6 6 1	6 6 4	6 5 6
	140	6 5 8	6 5 5	6 3 7
	160	6 0 7	5 11 6	5 7 7
	180	4 1 8	5 0 5	4 5 9
	200	3 1 8	3 8 2	2 10 2
	220	1 9 4	1 9 11	0 9 0
	226	....	....	But en bl.
	236	....	But en bl.	
	240	0 5 11		
	241	But en bl.		
1300		*Hausses.*	*Hausses.*	*Hausses.*
		po. li. pts.	po. li. pts.	po. li. pts.
	260	0 1 6	0 1 9	0 2 2
	280	0 3 2	0 3 3	0 3 6
	300	0 4 10	0 4 9	0 4 10
	320	0 6 6	0 6 4	0 6 3
	340	0 8 3	0 8 0	0 7 9
	360	0 10 1	0 9 9	0 9 3
	380	1 0 0	0 11 6	0 10 10
	400	1 1 11	1 1 3	1 0 5
	420	1 3 11	1 3 0	1 2 1
	440	1 6 0	1 4 10	1 3 11
	460	1 8 2	1 6 9	1 5 10
	480	1 10 5	1 8 9	1 7 11
	500	2 0 9	1 10 10	1 10 1

Vîtesse initiale du Boulet.	Distances du Canon au but.	12	8	4
		Quantités dont il faut pointer plus bas que le but.		
pieds.	toises.	pi. po. li.	pi. po. li.	pi. po. li.
	40	3 2 0	3 2 10	3 3 11
	60	4 6 8	4 7 7	4 8 6
	80	5 7 10	5 8 8	5 9 4
	100	6 5 3	6 5 10	6 6 2
	120	6 10 8	7 1 7	6 10 11
	140	7 0 1	7 0 1	6 10 5
	160	6 9 3	6 8 4	6 4 10
	180	6 1 8	5 11 11	5 6 2
	200	4 0 10	4 10 6	4 2 0
	220	2 11 2	3 3 7	2 3 10
	240	1 5 3	1 3 2	But en bl.
	251	. . . .	But en bl.	
	256	But en bl.		
1350		*Hausses.*	*Hausses.*	*Hausses.*
		po. li. pts.	po. li. pts.	po. li. pts.
	260	0 0 4	0 0 8	0 1 3
	280	0 1 10	0 2 0	0 2 5
	300	0 3 4	0 3 5	0 3 8
	320	0 5 0	0 4 10	0 5 0
	340	0 6 7	0 6 5	0 6 5
	360	0 8 3	0 8 0	0 7 10
	380	0 10 0	0 9 8	0 9 3
	400	0 11 9	0 11 4	0 10 10
	420	1 1 7	1 1 0	1 0 4
	440	1 3 6	1 2 9	1 1 11
	460	1 5 5	1 4 7	1 3 7
	480	1 7 4	1 6 6	1 5 4
	500	1 9 4	1 8 6	1 7 1

Vîtesse initiale du Boulet.	Distances du Canon au but.	12	8	4
		Quantités dont il faut pointer plus bas que le but.		
pieds.	toises.	pi. po. li.	pi. po. li.	pi. po. li.
	40	3 2 5	3 3 3	3 4 4
	60	4 7 7	4 8 6	4 9 7
	80	5 9 5	5 10 5	5 11 3
	100	6 8 1	6 8 9	6 9 2
	120	7 2 10	7 3 4	7 2 10
	140	7 5 8	7 5 11	7 4 8
	160	7 4 10	7 4 2	7 1 1
	180	6 11 7	6 10 1	6 4 11
	200	6 1 11	5 11 4	5 3 7
	220	4 11 7	4 7 6	2 11 6
	240	3 4 8	2 10 6	1 8 1
	254	....	....	But en bl.
	260	1 4 3	0 6 8	
	266	....	But en bl.	
	272	But en bl.		
1400		*Hausses.*	*Hausses.*	*Hausses.*
		po. li. pts.	po. li. pts.	po. li. pts.
	280	0 0 7	0 0 11	0 1 6
	300	0 2 0	0 2 3	0 2 8
	320	0 3 6	0 3 8	0 3 11
	340	0 5 1	0 5 1	0 5 2
	360	0 6 8	0 6 6	0 6 6
	380	0 8 3	0 8 0	0 7 10
	400	0 9 10	0 9 7	0 9 3
	420	0 11 6	0 11 2	0 10 8
	440	1 1 3	1 0 9	1 0 2
	460	1 3 1	1 2 5	1 1 9
	480	1 4 11	1 4 2	1 3 5
	500	1 6 10	1 5 11	1 5 2

Vîtesse initiale du Boulet.	Distances du Canon au but.	12	8	4
		Quantités dont il faut pointer plus bas que le but.		
pieds.	toises.	pi. po. li.	pi. po. li.	pi. po. li.
	40	3 2 10	3 3 8	3 4 9
	60	4 8 6	4 9 5	4 10 5
	80	5 11 2	6 0 0	6 0 10
	100	6 10 7	6 11 6	6 11 9
	120	7 6 7	7 7 1	7 6 9
	140	7 11 0	7 11 3	7 10 0
	160	7 11 10	7 11 4	7 8 5
	180	7 7 2	7 7 2	7 2 7
	200	7 1 2	6 10 11	6 3 10
	220	6 1 6	5 9 10	4 11 11
	240	4 9 4	4 3 10	3 2 7
	260	3 0 5	2 5 3	0 11 7
	268	....	....	But en bl.
	280	0 8 5	0 1 3	
	281	....	But en bl.	
1450	287	But en bl.		
		Hausses.	*Hausses.*	*Hausses.*
		po. li. pts.	po. li. pts.	po. li. pts.
	300	0 0 10	0 1 2	0 1 9
	320	0 2 3	0 2 6	0 2 11
	340	0 3 8	0 3 10	0 4 1
	360	0 5 1	0 5 2	0 5 4
	380	0 6 7	0 6 7	0 6 7
	400	0 8 2	0 8 0	0 7 11
	420	0 9 9	0 9 6	0 9 3
	440	0 11 4	0 11 0	0 10 7
	460	1 1 0	1 0 7	1 0 0
	480	1 2 9	1 2 2	1 1 6
	500	1 4 6	1 3 10	1 3 1

Vîtesse initiale du Boulet.	Distances du Canon au but.	12			8			4		
		Quantités dont il faut pointer plus bas que le but.								
pieds.	toises.	pi.	po.	li.	pi.	po.	li.	pi.	po.	li.
	40	3	3	2	3	4	0	3	5	1
	60	4	9	3	4	10	2	4	11	3
	80	6	0	7	6	1	6	6	2	2
	100	7	0	9	7	1	8	7	2	1
	120	7	9	11	7	10	6	7	10	4
	140	8	3	9	8	4	0	8	3	0
	160	8	6	0	8	5	7	8	3	2
	180	8	4	6	8	3	6	7	11	3
	200	7	11	4	7	9	3	7	2	10
	220	7	2	0	6	10	9	6	1	7
	240	6	0	6	5	7	7	4	7	4
	260	4	6	6	4	2	0	2	7	8
	280	2	7	11	2	0	10	0	2	9
	282	...	...	...	...	...	...	But	en	bl.
	296	...	...	...	But	en	bl.			
1500	300	0	4	0						
	303	But	en	bl.						
		Hausses.			*Hausses.*			*Hausses.*		
		po.	li.	pts.	po.	li.	pts.	po.	li.	pts.
	320	0	1	0	0	1	5	0	2	0
	340	0	2	5	0	2	8	0	3	1
	360	0	3	9	0	3	11	0	4	3
	380	0	5	2	0	5	3	0	5	5
	400	0	6	7	0	6	7	0	6	8
	420	0	8	1	0	7	11	0	7	11
	440	0	9	7	0	9	4	0	9	2
	460	0	11	2	0	10	10	0	10	6
	480	1	0	9	1	0	4	0	11	11
	500	1	2	5	1	1	11	1	1	4

OBUSIER DE 8 POUCES.

TABLE des Viteſſes de l'Obus de 8 pouces, réſultantes des charges de différentes eſpeces de Poudres, dont la qualité eſt indiquée par la portée du Mortier d'épreuve, chargé de 3 onces.

CHARGES de POUDRE.	Portées du Mortier d'épreuve.					
	to. 90	to. 95	to. 100	to. 105	to. 110	to. 115
	Viteſſes initiales de l'Obus.					
onces.	pi.	pi.	pi.	pi.	pi.	pi.
10	262	269	276	283	289	296
12	287	294	302	310	317	324
14	310	318	326	334	342	350
16	331	340	349	357	366	374
20	370	380	390	400	409	418
24	405	416	427	438	448	458
28	438	450	462	473	484	495

CHARGES de POUDRE.	Portées du Mortier d'épreuve.					
	to. 120	to. 125 *	to. 130	to. 135	to. 140	
	Viteſſes initiales de l'Obus.					
onces.	pi.	pi.	pi.	pi.	pi.	
10	302	308	314	320	327	
12	331	338	344	351	358	
14	357	365	372	379	386	
16	382	390	398	405	414	
20	427	436	445	453	462	
24	468	478	487	496	507	
28	506	516	526	536	547	

* Les viteſſes de cette colonne ont été trouvées par l'expérience.

OBUSIER DE 8 POUCES.

TABLE des Vîteſſes qui reſtent à l'Obus de 8 pouces, à différentes diſtances de l'Obuſier.

VITESSES initiales de l'Obus.	Diſtances de l'Obuſier.					
	to. 50	to. 100	to. 150	to. 200	to. 250	to. 300
	Vîteſſes reſtantes.					
pieds.	pi.	pi.	pi.	pi.	pi.	pi.
300	282	265	250	235	221	208
350	329	310	291	274	258	242
400	376	354	333	313	294	277
450	423	398	374	352	331	311
500	470	442	416	391	368	346
550	517	487	458	430	405	381

OBUSIER DE 8 POUCES.

TABLE des Hausses à employer avec l'Obusier de 8 pouces, pour avoir un but en blanc artificiel relatif à la vîtesse de l'Obus, & à la distance du but.

Distances de l'Obusier au but.	Vîtesses initiales de l'Obus.					
	pi. 300	pi. 350	pi. 400	pi. 450	pi. 500	pi. 550
	hausses.	*hausses.*	*hausses.*	*hausses.*	*hausses.*	*hausses.*
to.	po. li.	po. li.	po. li.	po. li.	po. li.	po. li.
40	1 7	1 3	0 11	0 9	0 8	0 7
50	1 11	1 6	1 2	0 11	0 9	0 8
60	2 4	1 9	1 5	1 1	0 11	0 9
70	2 9	2 0	1 7	1 3	1 1	0 11
80	3 1	2 3	1 10	1 5	1 2	1 0
90	3 6	2 7	2 0	1 7	1 4	1 2
100	3 11	2 10	2 3	1 10	1 6	1 3
120	4 10	3 6	2 9	2 2	1 10	1 6
140	5 9	4 2	3 3	2 7	2 2	1 9
160	6 8	4 10	3 10	3 0	2 6	2 0
180	7 8	5 7	4 4	3 5	2 10	2 4
200	8 8	6 4	4 11	3 10	3 2	2 7
220	.....	7 1	5 5	4 4	3 6	2 11
240	.....	8 0	6 0	4 9	3 11	3 3
260	.....	.....	6 8	5 3	4 4	3 7
280	.....	.....	7 4	5 10	4 9	3 11
300	.....	.....	8 0	6 4	5 2	4 3

OBUSIER DE 6 POUCES.

TABLE des Vîtesses de l'Obus de 6 poucès, résultantes des charges de différentes especes de Poudres, dont la qualité est indiquée par la portée du Mortier à éprouver les Poudres, chargé de 3 onces.

CHARGES de POUDRE.	Portées du Mortier d'épreuve.					
	to. 90	to. 95	to. 100	to. 105	to. 110	to. 115
	Vîtesses initiales de l'Obus.					
onces.	pi.	pi.	pi.	pi.	pi.	pi.
10	357	367	376	385	395	403
12	391	402	412	422	432	442
14	422	434	445	456	467	477
16	451	464	476	488	499	510
20	505	519	532	545	558	571
24	553	568	583	597	611	625
28	597	614	630	645	660	675

CHARGES de POUDRE.	Portées du Mortier d'épreuve.					
	to. 120	to. 125*	to. 130	to. 135	to. 140	
	Vîtesses initiales de l'Obus.					
toises.	pi.	pi.	pi.	pi.	pi.	
10	412	421	429	437	445	
12	451	461	470	479	488	
14	488	498	508	517	528	
16	521	532	543	553	564	
20	583	595	607	618	631	
24	638	652	665	677	691	
28	690	704	718	731	747	

* Les vîtesses de cette colonne ont été trouvées par l'expérience.

OBUSIER DE 6 POUCES.

TABLE des Vîtesses qui restent à l'Obus, à différentes distances de l'Obusier.

VITESSES initiales de l'Obus.	Distances de l'Obusier.					
	to. 50	to. 100	to. 150	to. 200	to. 250	to. 300
	Vîtesses restantes.					
pieds.	pi.	pi.	pi.	pi.	pi.	pi.
300	282	265	249	235	221	207
350	329	310	291	274	257	242
400	376	354	333	313	294	277
450	423	398	374	352	331	311
500	470	442	416	391	368	346
550	517	486	457	430	404	380
600	564	531	499	469	441	415
650	611	575	541	508	478	449
700	658	619	582	547	515	484
750	705	663	624	586	552	519

OBUSIER DE 6 POUCES.

TABLE des Hausses à employer avec l'Obusier de 6 pouces, pour se procurer un but en blanc artificiel, relatif à la vîtesse de l'Obus & à la distance du but.

Distances de l'obusier au but.	Vîtesses initiales de l'Obus.									
	300 pi.		350 pi.		400 pi.		450 pi.		500 pi.	
	Hausses.		*Hausses.*		*Hausses.*		*Hausses.*		*Hausses.*	
toises.	po.	li.	po.	li.	po.	li.	po.	li.	po.	li.
40	1	4	1	0	0	9	0	7	0	6
50	1	7	1	2	0	11	0	9	0	7
60	1	11	1	5	1	1	0	11	0	9
70	2	3	1	8	1	4	1	1	0	11
80	2	7	1	11	1	6	1	3	1	0
90	2	11	2	2	1	8	1	4	1	1
100	3	3	2	5	1	11	1	6	1	3
120	3	11	2	11	2	3	1	10	1	6
140	4	8	3	5	2	8	2	1	1	9
160	5	5	4	0	3	1	2	5	2	0
180	6	3	4	7	3	6	2	10	2	3
200	7	1	5	2	4	0	3	2	2	7
220	7	11	5	10	4	6	3	7	2	11
240	8	9	6	6	5	0	3	11	3	2
260	9	8	7	2	5	6	4	4	3	6
280	10	7	7	10	6	0	4	9	3	10
300	11	7	8	6	6	6	5	2	4	2

Distances de l'obusier au but.	Vitesses initiales de l'Obus.				
	550 pi.	600 pi.	650 pi.	700 pi.	750 pi.
	Hausses.	*Hausses.*	*Hausses.*	*Hausses.*	*Hausses.*
toises.	po. li.	po. li.	po. li.	po. li.	po. li.
40	0 6	0 5	0 4	0 4	0 3
50	0 7	0 6	0 5	0 4	0 4
60	0 8	0 7	0 6	0 5	0 5
70	0 9	0 8	0 7	0 6	0 5
80	0 10	0 8	0 7	0 7	0 6
90	0 11	0 9	0 8	0 7	0 6
100	1 0	0 10	0 9	0 8	0 7
120	1 3	1 0	0 11	0 10	0 8
140	1 5	1 3	1 1	0 11	0 10
160	1 8	1 5	1 3	1 1	0 11
180	1 11	1 7	1 5	1 2	1 1
200	2 2	1 10	1 7	1 4	1 2
220	2 5	2 0	1 9	1 6	1 4
240	2 8	2 3	1 11	1 8	1 6
260	2 11	2 6	2 1	1 10	1 7
280	3 3	2 8	2 4	2 0	1 9
300	3 6	2 11	2 6	2 2	1 11

Fin des Tables du Tir des Canons & Obusiers.

ÉPREUVES
DU TIR DES BOMBES
AVEC LE CANON.

L'IDÉE d'employer le Canon au Tir des Bombes, n'est point nouvelle. Les premieres épreuves en ont été faites à l'Ecole de Strasbourg, par M. le Duc; elles ont ensuite été répétées à l'Ecole de la Fere: mais on ne les connoissoit que par tradition, sans aucun détail sur la maniere d'adapter la Bombe sur la bouche du Canon, ni sur l'inclinaison de la piece, ni sur les portées qu'on avoit obtenues par cette méthode. Tout ce qu'on a pu conclure des diverses relations qu'on a faites de ces essais, c'est qu'il est possible d'employer le Canon au jèt des Bombes. Il étoit donc nécessaire de recommencer ces épreuves, de les multiplier & les varier, afin de fixer les idées sur cette méthode, & savoir s'il seroit possible d'en tirer un parti avantageux. Il suffisoit d'ailleurs d'y entrevoir un objet d'utilité, pour exciter l'attention de M. le Baron Duteil, Commandant de l'Ecole d'Auxonne. En conséquence, cet Officier général a ordonné qu'il fût procédé à de nouvelles épreuves, & a chargé M. Tardy, Capitaine de Bombardiers au Régiment d'Auxonne, de les diriger.

Pour avoir des points de comparaison, on a repris les épreuves commencées en 1784, pour les continuer, pendant le courant du mois d'Août 1786, avec la piece de 24, nommé *le Sage*, n°. 77, pesant, dans son entier, 5533 livres, & fondu à Strasbourg par Dartein, le 19 Mai 1764. Cette piece, déjà défectueuse, avoit été soumise, en 1783, à plusieurs expériences sur l'enclouage; elle fut ensuite percée à la volée, par un boulet de 16, tiré avec une charge de 4 livres de poudre, à la distance de 12 pieds. La partie endommagée ayant été enlevée par un trait de scie, elle fut réduite à une longueur d'ame de 6 pi. 4 po. C'est sur cette longueur, & d'autres encore moindres, que les épreuves ont été faites : à l'effet de quoi la piece a été coupée sur le tour, par une section faite contre la doucine de la volée, ce qui a donné une longueur d'ame de 4 pi. 0 po. 9 li. 10 p^ts. ensuite contre la doucine du second renfort, où la longueur de l'ame est réduite à 2 pi. 5 po. 10 li. 3 p^ts. Ces diminutions successives ayant procuré des connoissances suffisantes sur les effets qu'on doit attendre de différentes longueurs d'ame, on ne les a point poussées plus loin. Passons aux procédés qu'on a employés pour tirer des Bombes avec cette piece.

Il s'agissoit d'abord de placer le Canon dans une situation ferme & inébranlable. Après plusieurs tentatives, on a trouvé qu'il suffit d'enfoncer la culasse dans une cavité creusée en terre, d'environ 30 pouces en quarré, & d'une profondeur telle que la lumiere fût un peu au dessus de la surface du terrein; le bouton appuyé contre une forte piece de bois ou heurtoir, & la volée soutenue par un ou plusieurs chantiers, selon la longueur du Canon, arrêtés par quatre piquets, deux en avant & deux en arriere. Ces chantiers & heurtoir étant placés perpendiculairement à la ligne de Tir, la piece conserve sa direction & son inclinaison, sans se déranger.

Pour fixer la Bombe sur la bouche du Canon, l'expérience a fait voir, après quelques essais, qu'une simple ficelle est tout ce qu'il faut pour remplir cet objet. Deux bouts de ficelle attachée, d'une part, aux anses de la Bombe, & de l'autre, à une ceinture de corde arrêtée par la saillie de la moulure la plus prochaine, ont suffi pour assujettir la Bombe sur la bouche du Canon, qu'elle bouchoit exactement. Avec cet appareil très-simple, & d'une exécution aussi prompte que facile, la piece a tiré sans être ébranlée, & l'expérience a prouvé que, quelque dégradée que soit une piece de Canon, pourvu qu'elle ait une lumiere & de quoi loger une charge de poudre, elle peut encore servir utilement.

Il est à observer que, de la maniere dont est disposée une piece ou tronçon de Canon pour le Tir des Bombes, il faut beaucoup moins de temps pour la mettre en place, que pour construire une plate-forme de mortier; que la manœuvre de charger & pointer est plus expéditive, pouvant tirer trois Bombes par ce moyen, pendant qu'on en tire une avec le Mortier, & qu'il n'y a rien à desirer du côté de la justesse de la direction, moins sujette à varier que dans le Tir des Mortiers, puisqu'aucun battement ne peut la déranger.

Les premieres épreuves ont été faites avec des Bombes de 8 pouces, qu'on a choisies du même diametre, & réduites au même poids de 44 livres, au moyen de la terre qu'on y a introduite. Elles ont été bouchées avec un tampon de bois, excepté celles qui ont été tirées à la séance du 17 Août, auxquelles on a mis une fusée, pour savoir si la flamme de la charge y mettroit le feu, ce qui a parfaitement réussi.

On a ensuite fait l'épreuve des Bombes de 10 po. du poids de 104 livres; & avec la plus petite longueur du Canon, des Bombes de 11 po. 10 li. pesant 145 livres, on a pensé qu'il seroit utile d'en connoître les effets.

La poudre dont on s'est servi, a d'abord été éprouvée dans le Mortier à éprouver les poudres, avec la charge ordinaire de trois onces; elle s'est trouvée porter le globe de 60 livres à 104 toises. Les charges renfermées dans des gargousses de papier, ont été mises au fond de l'ame, sans être refoulées, mais seulement pressées, un bouchon de paille pardessus, refoulé d'un seul coup.

On a aussi essayé de remplir la piece de bouchons de paille, qui occupoient tout l'intervalle entre la charge & la Bombe. Ces bouchons étoient refoulés, de quatre en quatre, de deux coups de refouloir.

Dans tout le cours de ces épreuves, la piece de

Canon a été conſtamment inclinée d'environ 40 degrés.

Le Tableau ſuivant préſente les réſultats des épreuves. On y a rappellé quelques-unes de celles faites, en 1784, ſur une piece entiere, & ſur la longueur de 6 pi. 4 po. & comme la poudre employée alors, étoit de celle qui porte le globe à 112 toiſes, on en a réduit les portées à ce qu'auroit produit la poudre de 104 toiſes. Les coups tirés avec la piece remplie de bouchons, y ſont marqués d'un aſtériſque.

TABLEAU COMPARATIF

DES Epreuves faites à l'Ecole d'Auxonne, sur le Tir des Bombes avec le Canon.

Longueurs de l'ame du Canon.							
pi. 6	po. 9	pi. 6	po. 4	pi. po. li. 4 0 9	pts. 10	pi. po. li. 2 5 10	pts. 3
Charg.	*Portées.*	*Charg.*	*Portées.*	*Charg.*	*Portées.*	*Charg.*	*Portées.*
13 Sept. 1784.		13 Sept. 1784.		18 Août 1786.		24 Août 1786.	
liv.	to.	liv.	to.	liv.	to.	liv.	to.
				2	71	2	61
2	68	2	80	2	62	2	55
				2*	83½	2*	104
				3	110	3	135
3	117	3	102	3	113	3	128
				3*	134	3*	147
				4	149	4	179
4	162	4	146	4	159	4	186
				4*	214	4*	221
9 Sept. 1784.		10 Août 1786.		17 Août 1786.		24 Août 1786.	
5	170	5	201	5	229	5	253
		5	190	5	223½	5	262
		6½	250	6½	290	6½	326
		6½	281	6½	291	6½	370
		6½*	339	6½*	356	6½*	374
		6½*	338	6½*	Bombe cassée.	6½*	380½
8	282½	8	310	8	398	8	431
		8	354	8	392	8	421

Longueurs de l'ame du Canon.							
pi. 6	po. 9	pi. 6	po. 4	pi. po. li. pts. 4 0 9 10		pi. po. li. pts. 2 5 10 3	
Charg.	*Portées.*	*Charg.*	*Portées.*	*Charg.*	*Portées.*	*Charg.*	*Portées.*
2 Sept. 1784.				18 Août 1786. Bom. de 10 po.		24 Août 1786. Bom. de 10 po.	
liv.	to.			liv.	to.	liv.	to.
7	267			8	176$\frac{1}{2}$	8	206
7*	378						
						26 Août. Bom. de 12 po.	
						5	84
						5	84
						6$\frac{1}{2}$	122$\frac{1}{2}$
						6$\frac{1}{2}$	123
						8	154
						8	160

Ce Tableau fait voir que, lorſque la piece eſt remplie de bouchons, les portées ſont toujours plus grandes; mais on a apperçu que cette maniere de charger la piece, nuit ſouvent à la juſteſſe de la direction, ce qui vient peut-être de ce que les bouchons ne faiſoient point une maſſe uniforme, à cauſe des nœuds dont ils étoient formés.

Les portées ont auſſi augmenté, à meſure qu'on a raccourci l'ame du Canon. Quoique les petites charges préſentent à cet égard quelques exceptions, il paroît que l'on peut admettre, pour regle générale, que, toutes choſes d'ailleurs égales, les Bombes vont plus loin étant tirées avec des pieces courtes, qu'avec de plus longues, du moins dans les limites où sont renfermées les longueurs qu'on a éprouvées.

A l'égard des portées considérées en elles-mêmes, on ne peut disconvenir qu'elles ne soient suffisantes, dans la plupart des circonstances où l'on emploie les Bombes de 8 po. Il est vrai que, pour tirer ces Bombes avec le canon, il faut beaucoup plus de poudre qu'avec le Mortier, pour obtenir les mêmes portées; mais on sent assez que cette méthode ne doit être mise en usage que dans le cas où, manquant de Mortiers, le service exigeroit néanmoins que l'on tirât des Bombes, & qu'on auroit du Canon & de la poudre; n'importe alors quelle en seroit la consommation.

On a remarqué qu'un des principaux avantages attachés à cette maniere de tirer les Bombes, est qu'aucun battement ne peut les détourner de la direction de la piece; qu'il ne peut y avoir de déviation qu'autant qu'elles ne sont point adaptées centralement sur la bouche du Canon, ou que l'axe de la piece ne se trouve point perpendiculaire à la tranche de la bouche, ce qui n'arrive point lorsque la section est faite sur le tour. On a même eu occasion d'observer que, quoique l'œil de la Bombe ne fût pas précisément sur le prolongement de l'axe du Canon, cela ne portoit aucun préjudice à la justesse de la direction. Tout concourt donc à démontrer l'utilité de cette maniere de tirer les Bombes.

ÉPREUVES

Sur les Portées des Mortiers.

PENDANT cette même Campagne de 1786, M. le Baron Duteil a cru devoir satisfaire la curiosité que témoignoient MM. les Officiers du Régiment d'Auxonne, de connoître les portées qu'on peut obtenir des quatre especes de Mortiers, avec différentes charges de poudre. Des épreuves à ce sujet étoient sur-tout nécessaires pour les Mortiers de 10 po. dont on n'avoit encore fait aucun usage ; elles ne l'étoient pas moins par rapport aux autres Mortiers, car, quelque nombreuses & variées que soient les épreuves faites antérieurement avec les Mortiers de 12 & de 8 po. elles laissent toujours de l'incertitude, par l'ignorance où l'on est de la qualité de la poudre dont on s'est servi. Que l'on consulte, par exemple, le Tableau des épreuves faites à la Fere, en 1771, sur le Mortier de 12 po. qui ne croiroit que, pour avoir une portée d'environ 550 to. sous l'angle de 45 deg. il ne faille y employer une charge de 3 liv. 12 onces? Cependant, l'expérience vient de montrer que, dans ce Mortier, la charge de 3 liv. 8 on. porte la Bombe jusqu'à 700 to. Comment se tirer de l'embarras où doit jeter une aussi grande différence, si l'on n'étoit prévenu qu'au dernieres épreuves on s'est servi d'une poudre de 104 to. & que vraisemblablement celle des épreuves de la Fere étoient d'une qualité bien inférieure? Peut-être d'autres circonstances ont-elles pu contribuer à cette différence, mais on n'en détaille aucune, si ce n'est le diametre & le poids de la Bombe, qui n'ont certainement pu en occasionner une aussi considérable : il est même de fait, qu'avec certaines charges, un moindre poids de la Bombe ne peut qu'augmenter les portées. On voit donc combien il est important, dans tous les genres d'épreuves sur les effets de la poudre, de s'assurer de la force de celle qu'on y emploie : c'est le seul moyen d'éviter l'incertitude des résultats ; &, faute de cette connoissance, les Tables faites jusqu'à présent du Tir des Mortiers & des autres Bouches à feu, sont presque toutes sans utilité pour la pratique.

La poudre employée aux épreuves en question, ayant été essayée dans le Mortier à éprouver les poudres, s'est trouvée porter le globe de 60 liv. à 104 to. avec la charge ordinaire de 3 onces.

Les Mortiers soumis à l'épreuve, sont, 1°. le Mortier de 10 po. 1 li. 6 p^ts. à grandes portées, n°. 4, pesant 2064 livres, fondu à Strasbourg par Dartein, le 22 Juillet 1767.

2°. Le Mortier de 10 po. 1 li. 6 p^ts. à petites portées, n°. 33, pesant 1643 livres, fondu idem le 13 Octobre 1778.

3°. Le Mortier de 12 po. n°. 9, pesant 2072 liv. fondu idem le 27 Juillet 1782.

4°. Le Mortier de 8 po. 3 li. n°. 16, pesant 600 liv. fondu idem le 14 Août 1782.

Ces quatre Mortiers n'avoient point encore servi ; ils avoient dans l'ame, la chambre & les tourillons, les dimensions prescrites par le réglement du 14 Juin 1769.

Les Bombes employées à ces épreuves ont été choisies parmi celles qui ont le diametre moyen entre ceux de la grande & de la petite lunette, savoir, 10 po., 11 po. 10 li. 6 p^ts., & 8 po. 1 li. 6 p^ts., afin que, pour chaque Mortier, le vent fût de 1 li. 6 p^ts. chaque espece de Bombes a été réduite au même poids, au moyen de la terre qu'on y a introduite ; celles de 10 po. à 104 liv. celles de 12 po. à 145 liv. & celles de 8 po. à 44 liv.

Les charges de poudre exactement pesées, ont été

renfermées dans des gargouſſes de papier moulées ſur un mandrin, dont le diametre étoit moindre d'une ligne que celui de la chambre du Mortier, dans laquelle elles ont été placées, en ne les comprimant qu'autant qu'il étoit néceſſaire pour s'aſſurer qu'elles touchoient le fond de la chambre; & lorſqu'elles ne la rempliſſoient pas, le ſurplus reſtoit vuide ſans aucun corps intermédiaire entre la charge & la Bombe.

Les Bombes placées centriquement dans le Mortier, ont été aſſujetties, dans cette ſituation, par quatre écliſſes de ſapin, ayant 9 points d'épaiſſeur, 11 lig. de largeur, 4 pouces de longueur, & également enfoncées.

Avec toutes ces précautions, que M. Tardy, chargé de la direction de ces épreuves, a ſcrupuleuſement obſervées, on a cru pouvoir prévenir, autant qu'il eſt poſſible, les variations qu'occaſionnent communément les Bombes, par la diverſité des poids & des diametres, la poudre par ſes différentes qualités, les écliſſes par l'inégalité de leurs dimenſions, & les autres corps étrangers par leur plus ou moins de réſiſtance.

Les réſultats de ces épreuves ſont préſentés dans le Tableau ſuivant.

Mortier de 10 po. 1 li. 6 pts.

A grande portée.				A petite portée.			
Coups	*Charge.*	*Angle.*	*Portée.*	*Coups*	*Charge.*	*Angle.*	*Portée.*
Le 10 Août 1786.							
		deg.	toises.			deg.	toises.
1		45	225	2		45	309
3		45	230	4		45	311
5	1 l	60	210	6	1 l	60	271
7		60	186	8		60	258
9		30	195	10		30	270
11		30	186	12		30	259
Le 11 Août.							
1		45	412	2		45	482
3		45	379	4		45	478
5	1 l 8 on.	60	283	6	1 l 8 on.	60	417
7		60	330	8		60	417
9		30	339	10		30	426
11		30	317	12		30	435
Le 14 Août, matin.							
1		45	541	2		45	640
3		45	520	4		45	591
5	2 l	60	455	6	2 l	60	552
7		60	476	8		60	550
9		41	505	10		40	642
11		41	520	12		40	664

Mortier de 10$^{po.}$ 1$^{li.}$ 6$^{pts.}$

A grande portée.				A petite portée.			
Coups	*Charge.*	*Angle.*	*Portée.*	*Coups*	*Charge.*	*Angle.*	*Portée.*
Le 14 Août, soir.							
		deg.	toises.			deg.	toises.
1	2^{l} 8on.	45	647	2	2^{l} 8on.	45	714
3		45	643	4		45	681
5		60	598	6		60	634
7		60	585	8		60	643
9		40	698	10		39	784
11		40	656	12		39	770
1	3^{l}	45	768	2	3^{l}	45	716
3		45	743	4		45	692
5		60	670	6		60	677
7		60	681	8		60	670
9		39	776	10		38	786
11		39	763	12		38	806
Le 16 Août, avec des fusées.							
	l. on.				l. on.		
1	4	45	1035	2	3 10 $\frac{1}{4}$	45	960
3	5	45	1103	4		45	870
5	6 2 $\frac{1}{2}$	45	1063	6		37	830
7	id.	36	1152	8		37	895
Le 19, répétition de l'épreuve du 16.							
1	4	45	1021	2	3 10 $\frac{1}{4}$	45	880
3	5	45	1044	4		45	809
5	6 2 $\frac{1}{2}$	45	1033	6		37	826
7	id.	36	1112	8		37	752

Mortier de 12 po.				Mortier de 8 po. 3 li.			
Coups	*Charge.*	*Angle.*	*Portée.*	*Coups*	*Charge.*	*Angle.*	*Portée.*
Le 24 Août, matin.							
	l. on.	deg.	toiſes.		on.	deg.	toiſes.
1		45	194	2		45	158
3		45	197	4		45	173
5	1	60	171	6	5	60	143
7		60	171	8		60	176
9		30	164	10		30	152
11		30	166	12		30	131
13		45	316	14		45	397
15		45	346	16		45	392
17	1 8	60	280	18	10	60	339
19		60	296	20		60	325
21		43	328	22		$40\frac{1}{3}$	397
23		43	321	24		$40\frac{1}{3}$	385
Le 24 Août, ſoir.							
1		45	431	2		45	556
3		45	410	4		45	618
6	2	60	357	6	15	60	480
7		60	381	8		60	483
9		41	441	10		39	609
11		41	420	12		39	600
13		45	477	14		45	640
15		45	510	16		45	642
17	2 8	60	490	18	20 ſans gargo.	60	509
19		60	467	20		60	589
21		40	528	22		38	630
23		40	509	24		38	652

Mortier de 12 po.				Mortier de 8 po. 3 li.			
Coups	*Charge.*	*Angle.*	*Portée.*	*Coups*	*Charge.*	*Angle.*	*Portée.*
Le 26 Août, matin.							
	l. on.	deg.	toises.				
1		45	646				
2		45	579				
3	3	60	551				
4		60	560				
5		40	645				
6		40	632				
7		45	695				
8		45	710				
9	3 8 sans gargo.	60	596				
10		60	650				
11		39	700				
12		39	711				
Le 26, soir, avec fusées : les deux premiers coups avec éclisses, les autres avec de la terre autour de la Bombe.							
					on.		toises.
1	3 8		722				
2	3 8		738				
3	3	45	673	4	15	45	611
5	3		669	6	15		602
7	3 8		731	8	20		694
9	3 8		738	10	20		712

Observations.

Aux Séances du 16 & du 19, avec les Mortiers de 10 po. on a mis des fusées aux Bombes, afin de ſavoir ſi la rapidité du mouvement ne les empêcheroit point de prendre feu, ou de le conſerver. Elles ont toutes été allumées par la flamme de la charge; & comme on avoit chargé la Bombe de 6 onces de poudre, on a vu, par l'exploſion, qu'elles avoient fourni leur carriere. On s'eſt auſſi aſſuré par-là, que la durée des fuſées, qui, dans le repos, étoit de 35 ſecondes, a été diminuée d'un tiers par le mouvement de la Bombe. Il eſt ſingulier que, dans ces deux Séances, la charge de 5 liv. ait toujours donné une portée plus grande que celle de 6 liv. 2 onc. $\frac{1}{2}$, ſous le même angle de 45°. On n'a pu ſoupçonner d'autre cauſe de cette irrégularité, & de pluſieurs autres, que les écliſſes, qui, vu la configuration de l'ame du Mortier, ne peuvent que pincer la Bombe, ſans pouvoir être enfoncées au-delà de ſon grand cercle.

Toutes les charges ont été éprouvées avec les angles de 45 à 60 degrés; les plus petites en outre avec l'angle de 30 degrés, & les autres, ſous l'angle qu'on a eſtimé être à peu près celui de la plus grande portée.

Il eſt facile, d'après ces épreuves, de connoître les charges qu'il faudra employer pour avoir d'autres portées, & avec de la poudre d'une autre qualité connue par le Mortier à éprouver les poudres.

FIN.

www.ingramcontent.com/pod-product-compliance
Ingram Content Group UK Ltd.
Pitfield, Milton Keynes, MK11 3LW, UK
UKHW020327230726
13925UKWH00002B/677

9 782013 576963